Drachentöter

Lesedrama in fünf Akten

von

Aylin Yılmaz

Drachentöter

Lesedrama[1] in fünf Akten

von
Aylin Yılmaz

It suddenly struck me that that tiny pea, pretty and blue, was the Earth. I put up my thumb and shut one eye, and my thumb blotted out the planet Earth. I didn't feel like a giant. I felt very, very small.

Neil Armstrong erinnert sich an den Flug der Apollo 11
vom Mond zurück zur Erde.

---

[1] Als Lesedrama wird ein literarisches Werk bezeichnet, das zwar der Form des Dramas folgt, aber nicht für die Aufführung auf einer Bühne konzipiert ist. Es richtet sich somit nicht an Zuschauer, sondern an einen Leser. Ein Lesedrama funktioniert unabhängig von den Möglichkeiten der Bühnentechnik, Handlungsdauer und Anzahl der eingeführten Personen brauchen nicht beschränkt zu werden, da auf die Bedürfnisse des Theaterpublikums oder die eines Regisseurs nicht näher eingegangen werden muss. Es kann jedoch vorkommen, dass ursprünglich als Lesedramen verfasste Stücke mit der Zeit ihren Weg ins Theater finden, so etwa Goethes Faust oder Schillers Räuber.

Drachentöter

Lesedrama in fünf Akten

von
Aylin Yılmaz

ISBN: **978-3-7693-2868-4**

*Bibliografische Information der Deutschen Nationalbibliothek: Die Deut-
sche Nationalbibliothek verzeichnet diese Publikation in der Deutschen
Nationalbibliografie; detaillierte bibliografische Daten sind im Internet
über dnb.dnb.de abrufbar.*

*Verlag: BoD · Books on Demand GmbH, In de Tarpen 42,
22848 Norderstedt, bod@bod.de
Druck: Libri Plureos GmbH, Friedensallee 273, 22763 Hamburg*

Dramatis Personae[2]

Dunkelfaust: Arias Großvater, ein gebrechlicher Geschäftsmann alter Schule mit einer steifen Eleganz. Er geht auf einen Stock gestützt, versprüht aber eine Entschlossenheit, die seine Macht ausdrückt.

Aria: Die Enkelin des Unternehmers. Sie ist Anfang 20 und gerade auf die Insel zurückgekehrt.

Sigurd: Ein rebellischer junger Mann, Anfang 20

Gudrun: Die kleine Schwester von Sigurd, circa 16 Jahre alt.

Kupferstift: Der alte, hagere Sekretär von Dunkelfaust.

Seemann: Sehr alt und verwittert, ehemaliger Untergebener von Dunkelfaust.

Die Bürger: (ältere Männer)
> **Bauer**
> **Fischer**
> **Schuppenschleifer**

Eine zeitlich und räumlich undefinierte vergangene Zukunfts-Welt.
Der Smaragd des Ozeans ist eine sonnige, kleine Insel
in der Mitte des Ozeans.
Es ist *eigentlich* ein idyllisches Paradies.

---

[2] **Dramatis Personae**: (lat.) Personen, die in einem Theaterstück mitspielen.

Prolog

Aria und Sigurd kommen von unterschiedlichen Seiten auf die Bühne. Sie tragen Alltagskleidung und wechseln während des Gesprächs in ihre Rollenkleidung. Im Hintergrund bauen die restlichen Schauspieler die Bühne auf.

5 *Aria und Sigurd schauen ins Publikum.*

Sigurd: Es hat wieder geschneit.

Aria: Geschneit?

Sigurd: Schau sie dir doch an, wie sie dasitzen.

Aria: Was ist mit denen denn?

10 Sigurd: Alle weiß auf dem Kopf.

Aria: Und? Die sind einfach alt.

Sigurd: Hier kommen nur noch die Alten hin.

Aria: Die Jungen interessieren sich halt nicht. Zu langweilig. Dabei wär's deren Sache!

15 Sigurd: Und die Alten wissen, wie sie Subventionen abgreifen können.

Aria: Welche Subventionen?

Sigurd: Naja, das alles hier. Das Theater. Alles vom Staat bezahlt. Von den Steuergeldern! Von selbst können wir uns doch nicht

20 über Wasser halten. Sieh es dir doch an! Wieder halbleer der Laden! Bis auf die Opas und Omas.

Aria: Ja, gut. Wir müssen uns halt mehr anstrengen, die anderen zu erreichen!

Sigurd: Bezahlst du Steuern?

25 Aria: [*lacht*] Du bist witzig! Wie denn als Schauspielerin? Wir sind
hier gerade mit Abstand die Ärmsten, würd ich wetten!
Sigurd: Hast du wohl recht! Aber da, wo es was umsonst gibt, da
sind sie. Wie Schmarotzer oder Parasiten.
Aria: Das hast du gesagt! [*zum Publikum*] Das hat er gesagt!
30 Sigurd: Ja, habe ich wohl.
Aria: Meinst du, unser Stück wird ihnen gefallen?
Sigurd: Weil wir sie verantwortlich machen?
Aria: Für was?
Sigurd: Für alles! Für den Zustand der Welt. Warum alles so abge-
35 fuckt ist. Warum alles kaputt ist und keine Hoffnung besteht.
Warum sie zulassen, dass das hier so ein Saustall geworden
ist! Die Luft, der Boden, die Flüsse, das Meer, einfach alles!
Aria: Du bist zu hart. Heute haben sie sich hübsch gemacht! Guck
sie dir an!
40 Sigurd: Weil wir sie fragen, warum sie nichts getan haben. Sie ha-
ben es doch alle gewusst. [*zum Publikum*] Warum habt ihr
nichts getan? Ihr habt es doch alle gewusst! Ihr habt es alle ge-
schehen lassen! Lasst es immer noch zu! Ihr habt es immer
noch nicht verstanden! Darum müssen wir euch das jetzt hier
45 erklären! Ich könnte mir auch was Besseres vorstellen!
Aria: Jetzt provozier die nicht noch! Gleich muckt einer auf und
macht uns eine Szene! Du weißt doch, wie sensibel die Leute
heute sind!
Sigurd: Ach, die haben alle studiert! Sieh sie dir doch an! Die haben
50 Humor. Die glauben alle, dass sie mit Kritik umgehen kön-
nen. Bildungsbürger halt. Die glauben ganz fest, dass sie die
Guten sind!
Aria: Isso. [*zum Publikum*] Meint ihr doch, oder? [*Pause*] Aber wir
sind auch nicht besser.
55 Sigurd: Meinst du?

Aria: Hmm. Kein Stück. Wir sind genauso verdorben wie die! Wir wären genauso egoistisch und selbstbezogen. Sind wir ja jetzt schon! Vielleicht liegt's nicht an denen! Vielleicht liegt's nicht an den Menschen, sondern am Menschen.

60 Sigurd: Nicht an den Menschen, sondern am Menschen? Woa, jetzt wirst du aber philosophisch! Nee, glaub ich nicht! So sind wir definitiv nicht!

Aria: Wir hatten nur noch nicht die Chance, alles zu verkacken!

Sigurd: So wie die? [*Pause*] Sollen wir starten?

65 Aria: Ja, lass mal! [*zeigt ins Publikum*] Die werden auch schon unruhig. Ich geh schon mal. Sag den netten Leuten noch was Nettes!

Aria ab³.

Sigurd: Alles klar! [*zum Publikum, etwas unsicher*] Ja okay. Hallo
70 erstmal! War übrigens nicht so gemeint eben. Ich muss das sagen, ich bin der hitzköpfige Rebell. Sie ist die Verständnisvolle und so. Ich wünsche euch jedenfalls… viel Spaß… wenn man das so nennen kann. Wir hoffen, dass euch das, was wir uns für euch überlegt haben... gefallen wird... Ja, weiß auch
75 nicht... Nicht sauer sein oder so, okay? Also, los geht's!

Sigurd ab.

---

³ **...ab**: Wenn eine Figur die Bühne verlässt.

1. Akt

1.1

Aria und Gudrun laufen durch einen prunkvollen Palast. Aria mit einem schweren Koffer.

Aria: Ich bin so froh, wieder hier zu sein! Habe fast vergessen, wie
80   schön es hier ist! Doch jetzt kommt alles zu mir zurück! Die
    Insel, die Heimat, die Menschen, die Freunde! Wie sehr habe
    ich das alles vermisst.

Gudrun: Ich freu mich auch unendlich! Und deine Kleider! So exo-
    tisch! Wie wunderschön. Du musst mir alles erzählen!

85 Aria: Werde ich! Ich habe dir auch was mitgebracht. Euch allen!

Gudrun: Du bist so großzügig! Wie habe ich dich beneidet! Hier ist
    einfach alles wie immer. Nein, eigentlich ist alles nur schlech-
    ter geworden.

Aria: Oh nein! Das musst du erklären! Es ist der Drache, oder?

90 Gudrun: Ja… [Pause] aber später! Erst zu was Schönem. Erst zu
    dir! Wie es so ist in der Welt? Ich kenne ja nur das hier. Ich
    kann mir nur vorstellen, wie es anderswo sein mag! Du musst
    mir diese andere Welt zeigen! Wenn auch nur in Worten.

Aria: Es ist so toll, neu, spannend, exotisch! Du kannst es dir nicht
95   vorstellen! Was ich an der Akademie alles gelernt habe! Ich

habe so viele Ideen! So vieles, das wir tun können! Ich kann es nicht erwarten, bis wir loslegen.

Gudrun: Das glaube ich! Ich würde auch so gerne in die Ferne.

Aria: Wirst du auch noch!

100 Gudrun: Ich wünschte… aber wir können uns das nicht leisten. Niemand hier hat so viel Geld, außer deinem Großpapa natürlich.

Aria: Ja… [*kurze, unangenehme Pause*] Zusammen werden wir daran arbeiten, dass sich das ändert. Es wird sich was verändern,
105 das verspreche ich dir!

Rhythmisches Trommeln setzt ein, erst leise, aber im Verlauf der Szene wird es immer lauter.

Gudrun: Es muss sich was ändern! Er wird immer größer und immer gieriger.

110 Aria: Als ich fortgegangen bin, war er noch ganz klein. Ich weiß noch, wie wir seine kleinen Schuppen für viel Geld verkauft haben! Einmal hat jemand einen Zahn gefunden! Ein Vermögen hat das eingebracht! Erinnerst du dich noch an die Feier, die mein Großpapa für alle geschmissen hat, als wir den kost-
115 baren Zahn verkauft haben? Niemand auf der ganzen Welt bändigt einen Drachen!

Gudrun: Er ist jetzt riesig. Nach Schuppen und Zähnen suchen wir immer noch, und wir finden eine Menge. Viel größere! Dein Großvater ist unermesslich reich geworden! Aber das hat
120 eben auch seinen Preis. Deswegen weiß ich nicht, ob es hier noch so schön ist. Dein Paradies mag die Heimat sein, die du so lange nicht gesehen hast. Meines ist die Ferne, die ich noch nie gesehen hab, und ich fürchte, sie rückt ferner mit jedem Tag, da er wütet.

125 Aria: So schlimm? Du willst weg? Tu mir das nicht an! Ich brauche dich!

Gudrun: [*ungläubig*] Mich? Glaub ich nicht!

Aria: Natürlich dich! Was du mir jetzt schon alles erzählt hast, ist so wertvoll! Wir müssen gemeinsam einen Weg finden! Mein
130 Großvater hat es allein angestoßen, aber er ist jetzt alt und wir müssen die Zukunft zusammen gestalten! Es ist unsere Insel! Sie gehört uns allen!

Gudrun: Eigentlich gehört alles deinem Großvater. Und du brauchst meine Schilderungen nicht. Du siehst es ja überall,
135 fast jeden Tag wird es schlimmer, und überhaupt habe ich auch keine Antworten!

Das Trommeln wird kurzfristig lauter.

Aria: Dann müssen wir das ändern!

Gudrun: Du! All das wird ja bald dir gehören! Der Palast, das
140 Land, die ganze Insel!

Aria: [*lacht*] Übertreib nicht! Gehören wird sie mir nicht! Aber ich verstehe, was du meinst! Dafür hat Großpapa mich ja in die Ferne geschickt. Um zu lernen. Für die Insel. Für uns alle.

Gudrun: Du wirst es ja bald alles erben!

145 Aria: Hoffentlich nicht erben! Großpapa möchte einfach kürzertreten und seinen Lebensabend genießen! Hat er sich ja auch verdient! Er hat uns reich gemacht!

Gudrun: Eigentlich ist nur er reich geworden. Wir anderen jetzt nicht so.

150 Aria: Überleg mal, wie es früher war. Da waren wir ein Haufen primitiver Horden auf einem verlassenen Eiland⁴. Und jetzt? Sieh es dir an!

Das Trommeln wird lauter, der Lärm übertönt fast das Gespräch. Die beiden schauen besorgt.

---

⁴ **Eiland:** (veraltet) Insel

155 Gudrun: [*lauter*] Ja, wir sind jetzt zivilisiert. Aber wenn du wüss-
      test, wie wir Normalen leben…
    Aria: Wir Normalen? Ich bin doch eine von euch! Wir sind prak-
      tisch Schwestern!
    Gudrun: Ich sag ja nur. So toll wie dir geht es nicht allen.
160 Aria: Dann müssen wir das ändern! Durchdacht und achtsam im
      Sinne der Interessen aller werden wir es schaffen!
    Gudrun: Weiß nicht, ob noch Zeit ist für durchdacht und achtsam
      und so! Du hörst es ja!

Das Trommeln wird nun extrem laut.

165 *Aria und Gudrun schauen aus einem Fenster, als würden sie etwas am*
    Himmel verfolgen. Sie brüllen nun, um sich zu verständigen.

    Aria: Meine Güte! Er ist wirklich riesig!
    Gudrun: Und wird immer riesiger! Wir können nicht hierbleiben!
      Zu gefährlich! Geh in die Kasematten[5]! Dort bist du sicher!
170 Aria: Ja, lass uns gehen!
    Gudrun: [*beiseite*[6]] Wenn er wütet und sich wälzt, wirft er bald
      kostbarste Schätze ab. Die kann ich mir nicht entgehen lassen!
      Bald wird das ganze Dorf danach jagen. Der frühe Vogel
      schnappt die Schuppen! Wer reich ist, kann arm an Risiken
175 sein, aber für den Armen ist das Risiko eine Schatzkarte. Aria
      ist für mich wie eine Schwester, aber sie hat so viel Reichtum,
      wie ich Armut habe. Ich muss alles riskieren, um nur einen
      Bruchteil zu stehlen von dem, was ihr sanft in die Wiege ge-
      legt wurde. Mein Bruder wartet sicher schon! [*zu Aria*] Tut
180 mir leid! Ich muss weg, mich um was kümmern!

---

[5] **Kasematten**: unterirdische Gewölbe in einer Burg zum Schutz vor Angrif-
    fen.
[6] **Beiseite sprechen**: wenn in einem Theaterstück eine Figur mit sich selbst
    spricht, was das Publikum, aber niemand auf der Bühne hört.

Aria: Bist du wahnsinnig, du kannst doch jetzt nicht raus? Was kann denn wichtiger sein als deine Sicherheit?
Gudrun: Du würdest es nicht verstehen! Ich erklär es dir später!

Gudrun ab.

185 Aria: [*ruft ihr nach*] Warte! Das ist doch viel zu gefährlich! [*zu sich*] Sie hat sich nicht geändert! Immer noch ein Springinsfeld⁷! Hoffentlich passiert ihr nichts! Was ist das für ein Monster!

Aria ab.

Vorhang.

1.2

190 *Ein düsteres Gewölbe. Das Trommeln klingt gedämpft, bleibt aber bedrohlich. Aria von einer Seite. Dunkelfaust von der anderen. Sie sehen einander, gehen aufeinander zu und umarmen sich.*

Dunkelfaust: So lange haben wir uns nicht gesehen. So sehr habe ich dich vermisst! Unter solchen Umständen sehen wir uns
195 wieder, meine liebe Aria!
Aria: Großpapa! [*Sie umarmen sich.*] Ich hatte mir unser Wiedersehen anders vorgestellt als in diesem feuchten, dunklen Gewölbe! Aber trotzdem ist es so schön, dich zu sehen!

---

⁷ **Springinsfeld**: (veraltet) ein unbekümmerter, leichtsinnigen junger Mensch

17

200 Dunkelfaust: Der Ort des Wiedersehens spielt doch keine Rolle, mein altes Herz leuchtet und meine Augen werden feucht, da ich dich sehe! Du hast viel zu berichten, viel studiert, gelernt, verstanden!

Aria: Was ich an den Akademien alles gelernt habe. Ein schöneres Geschenk hättest du mir nicht machen können, als mich weg-
205 schicken, um über die Welt zu lernen!

Dunkelfaust: Der Fortschritt ist der schönste Gang! Es muss einfach immer nach vorne gehen! Jedes Problem ist eine Herausforde-rung, und jede Herausforderung verlangt eine Lösung! Nichts geht über die Herrschaft der Ideen! Jeden Tag bekomme ich
210 herkulische[8] Aufgaben, welch eine Herausforderung! Jetzt können wir sie gemeinsam angehen! Endlich bist du wieder da und wir sind vereint!

Das Trommeln schwillt wieder an.

Aria: Mir scheint, dass die Insel vor einer riesigen Herausforderung
215 steht.

Dunkelfaust: Er wird größer, das ist wahr. Größer die Aufgaben, die er mir stellt, aber auch größer die Profite, die er schenkt! Es ist ein Kampf zwischen uns, seiner Kraft und meiner Geni-alität. Wie ein Schachspiel der Titanen!
220 Aria: Seine Kraft kann aber doch nicht mehr gebändigt werden!

Dunkelfaust: Das muss sie ja auch nicht. Nimm dieses Gewölbe: Das hat uns der Drache geschenkt. Durch ihn konnte ich es bauen! Er bringt uns so viel, dass wir uns den Schutz vor ihm leisten können!
225 Aria: Aber ohne ihn bräuchtest du das ganze Gemäuer doch gar nicht! Und was ist mit dem Rest der Insel? Ist der auch ge-schützt?

---

[8] **Herkulisch**: (Adjektiv) der griechische Held Herkules bekam zwölf beson-ders herausfordernde Aufgaben, die er alle bestand.

Dunkelfaust: Jeder ist frei, sich selbst zu schützen! Das ist das
230   Schöne! Die Freiheit! Jeder ist seines Glückes Schmied! Und
wie der eine oder die andere auf die Herausforderungen rea-
giert, das ist so mannigfaltig wie der menschliche Geist. Diese
Freiheit will ich niemandem nehmen!

Aria: Freiheit?

Dunkelfaust: Es ist diese Freiheit, die mich zu dem gemacht hat,
235   was ich bin. Jeder hat das Schicksal in seiner Hand. Du hast
sie auch, und du hast sie genutzt, bist in die Welt gegangen
und nun reicher an Wissen zurückgekehrt! Sieh, was aus dir
geworden ist!

Aria: Kann sich diese Freiheit auch jeder leisten? Wo sind in diesem
240   Augenblick die anderen Menschen?

Dunkelfaust: Sie werden ihren Weg finden! Soll ich ihnen vor-
schreiben, wie sie sich zu verhalten haben? Soll ich ihnen
diese Freiheit nehmen?

Aria: Nur du hast die Freiheit, dir den Schutz zu leisten, wie mir
245   scheint!

Dunkelfaust: Sie müssen nur ihren Verstand benutzen, dann finden
sie einen Weg. Wenn sie das nicht machen, dann ist es nicht
mein Problem! Ihre Denkfaulheit ist nicht meine Verantwor-
tung!

250 *Das Trommeln wird leiser und verstummt schließlich.*

Aria: Ich meine nur, dass das Wollen des Einzelnen gegen das
Wohl aller aufgewogen werden muss.

Dunkelfaust: Genug davon! Die Freiheit ist die Schmiede des Ge-
nies! Du wirst bald lernen, wie wichtig sie ist! Ich habe nur
255   darauf gewartet, dass du zurückkehrst, um das Zepter weiter-
zugeben. Ich habe mich bewiesen, nun liegt es an dir! Gerne
schaue ich dir zu, gerne berate ich dich, aber Großtochter, nun
ist deine Zeit, dich zu beweisen!

19

Aria: Welch große Fußstapfen! Was für eine Herausforderung!
260 Aber allein werde ich es nicht schaffen! Nur zusammen mit
dir und deinem Wissen und mit den Menschen! Wenn wir
alle zusammenhalten, all unsere Ideen einbringen, alle Inte-
ressen berücksichtigen, dann können wir das schaffen! So
kann ich mir das vorstellen!
265 Dunkelfaust: Du weißt, was viele Köche anrichten! Du brauchst
Tausend, eine Burg zu errichten, aber einen, der sie be-
herrscht! Fragst du Tausend nach ihrer Meinung, kommt
nicht eine brauchbare Entscheidung heraus. Das Genie ist ein-
sam in Erfolg und Niederlage. Niemand teilt deine Vision so
270 kompromisslos wie du selbst. Niemand gönnt dir den Erfolg.
Niemand steht zu dir, wenn du scheiterst! Du wirst das noch
lernen! Herrschen bedeutet Einsamkeit!
Aria: Aber ich möchte gar nicht herrschen! Ich möchte mitteln[9]!
Dunkelfaust: Das hat noch niemand gesagt, der am Ende erfolg-
275 reich war. Das Mittel ist der Durchschnitt. Das Genie lebt im
Extrem. Nur dort ist der Sieg zu finden! [*einlenkend*] Aber viel-
leicht bin ich auch alt! Natürlich muss die Jugend ihre eigenen
Erfahrungen machen! Von nun an beteilige ich dich an allen
Entscheidungen, höre deine Gedanken und Vorschläge. Viel-
280 leicht hast du ja recht.
Aria: Ich bin dir so dankbar und mir natürlich der Verantwortung
bewusst!
Dunkelfaust: Hörst du's? Der Drache hat sich ausgetobt. So
schlimm war es doch gar nicht! Alles ist gut ausgegangen, uns
285 geht's noch gut, wir sind unversehrt! Es wird alles nicht so
heiß gegessen, wie es aus dem heißen Topf kommt!

Vorhang.

---

[9] **Mitteln**: (veraltet) vermitteln

1.3

Eine apokalyptische[10] Landschaft. Verkohlte Bäume, verbrannte Erde, eine schwarze Wüste nah an der Küste. Das Meer liegt still und friedlich im Hintergrund. Der Boden raucht. Das Trommeln ist zunächst noch dumpf zu hören und verklingt dann langsam. Sigurd und Gudrun gebückt. Sie husten immer wieder und kratzen sich von Zeit zu Zeit, als wären sie einer giftigen Substanz ausgesetzt. Sie tragen Tücher vor dem Mund, um sich zu schützen. Mit langen Stöcken stochern sie in der Asche.

295 Sigurd: [*hustet*] Unerträglich! Kann kaum atmen.
Gudrun: Gestern war hier noch unser Wald. Erinnerst du dich? Heute ist alles weg! Ich könnte heulen! Erinnerst du dich? Wie wir hier gespielt haben als Kinder? Hier war ein Teich, da hinten haben wir geangelt! Alles verkohlt, verbrannt, vernichtet!
300 Sigurd: [*steht neben einem verkohlten Baumstumpf*] Hier in diesen Apfelbaum haben wir unsere Namen eingeritzt!
Gudrun: Lange, nachdem wir tot und vergessen sind, werden unsere Namen noch da sein, haben wir damals gesagt.
Sigurd: Erst unsere Namen und bald…?
305 Gudrun: Es ist unfassbar. Ich fühle mich jetzt schon so, so, so alt, wenn ich sehe, wie alles um uns zerfällt!
Sigurd: Erinnerst du dich? Wir waren damals die Drachentöter! Aria, du und ich. Wir haben Abenteurer gespielt, wollten den Drachen töten! Mit Holzschwertern und Lanzen. Natürlich
310 nur zum Spaß!
Gudrun: Du hast mich an den Baum gebunden. Erinnerst du dich auch daran?
Sigurd: Was? Nein! Würd ich nie machen! Ich erinnere mich nur, dass ich immer auf dich aufgepasst hab!

---

[10] **Apokalyptisch**: (griech.) endzeitlich, katastrophal

315 Gudrun: Du hast mich an den Baum gebunden und bist mit Aria
            abgehauen. Weil ich dich so genervt habe! Du wolltest immer
            mit ihr allein sein. Warst in sie richtig verknallt. Warst manch-
            mal ein richtiger Halunke, großer Bruder!
      Sigurd: Das kann nicht sein!
320 Gudrun: [lachend, was in einen Husten übergeht] Leugne es nicht!
            War einfach so. Hast mich einfach hier allein gelassen.
      Sigurd: Würd ich nie machen!
      Gudrun: Ich habe mir die Seele rausgeheult als kleines Mädchen.
            Weil ich Angst hatte, dass mich niemand retten und ich da
325   verhungern würde oder die Krähen mir die Augen aushacken
            würden!
      Sigurd: Hätte ich nie zugelassen. Du hast so eine blühende Fanta-
            sie!
      Gudrun: Sie ist wieder da. Aria.
330 Sigurd: Habe ich gehört.
      Gudrun: Du solltest sie besuchen. Sie sprüht vor Enthusiasmus und
            will die Welt verändern. Wird dir gefallen!
      Sigurd: Das ist gut, sie gehört verändert! [zeigt auf die Aschewüste]
            Aber nicht so! Sondern im Guten! Vielleicht müssen wir wirk-
335   lich den Drachen töten! Nicht nur zum Spaß!
      Gudrun: Du machst Witze, das wird nie passieren.

*Kreischendes Geräusch in der Ferne. Die beiden schauen besorgt hoch, als
würden sie etwas in der Luft verfolgen. Das Trommeln setzt wieder ein.*

      Gudrun: Hier blüht jedenfalls nichts mehr und wird es in tausend
340   Jahren nicht mehr. Bald wird es überall so aussehen. Bald
            werden wir auch so äschern sein wie unser Apfelbaum.
      Sigurd: [verfolgt immer noch mit seinen Augen den Himmel] Wir soll-
            ten uns beeilen. Er ist immer noch wütend!

Gudrun: Du weißt, warum wir hier sind! [*stochert weiter mit ihrem*
345 *Stock in der Asche herum*] Von dem lass ich mich nicht ein-
schüchtern!

Sigurd: Werde nicht zu gierig!

Gudrun: Ich bin nicht gierig. Ich bin hungrig! Nein, ich bin es satt!
Ich ertrag es einfach nicht mehr! So kann doch keiner leben!

350 Sigurd: Wir werden was ändern!

Gudrun: Was willst du denn machen? Du bist wie Aria! Immer nur
Worte. Alles nur Worte. Niemand handelt. Wir sind so damit
beschäftigt zu reden, dass unsere Lippen spröde werden wie
die Einöde hier! Wir können nichts machen! Die sind doch
355 alle zufrieden, wie es ist! Es ist ja nicht nur der Drache. Es ist
die ganze vergreiste Welt!

Sigurd: Wir müssen kämpfen! Mit allen Mitteln! Wir sind jung, wir
schaffen das!

Gudrun: Ach, großer Bruder, du Drachentöter! Kämpfen! Das ist
360 nicht meins. Ich will nicht kämpfen, ich will leben! Ich will
weg! Ich bin zu jung für das hier! Ich bin jung wie die Früh-
lingsblumen, wie das Vergissmeinnicht unter weißen Wolken.
Ich bin grün wie die Hoffnung. Sieh es dir doch an! [*zeigt kurz
ins Publikum*] Grau und kohlefarben! Eine vergangene Welt
365 für Alte und Gewesene. Es ist die Welt, die *sie* verdient ha-
ben! Sie haben sie ja gemacht.

Sigurd: Wo willst du denn hin? In die Richtung ist tausend Kilome-
ter Meer und in die und in die und in die Richtung auch!

Gudrun: Mach dir mal keine Sorgen, Brüderchen. Ich habe einen
370 Plan!

Sigurd: Doch, ich mache mir Sorgen! Viele sogar! Deswegen
kämpfe ich ja! Für dich, für mich, für uns! Für den Smaragd
der Ozeane!

Gudrun: Smaragd der Ozeane! So nennen wir uns! Was für ein
375 Witz! Ein giftiger Klumpen, mehr nicht!

23

Sigurd: Aber so muss es ja nicht bleiben!

Gudrun: Nein, ich muss nicht bleiben! Mach dir nichts vor!

Sie greift in die Asche, hebt ihre Hand und zwischen ihren Fingern verrinnt der schwarze Staub.

380 Gudrun: Deshalb muss ich hier weg!

Sigurd: Wie willst du denn weg? Der Rest der Welt ist so weit entfernt wie die Sterne im Himmel. Unerreichbar!

Gudrun: Ich besteche einen Matrosen vom Schoner[11], der in den nächsten Tagen einlaufen soll! Der schmuggelt mich auf sein

385 Schiff, und ich segele ab in die Freiheit! Ich muss nur noch reich genug werden!

Sie stochert weiter in der Kohle herum und sucht.

Sigurd: Das ist kein Plan, das ist eine Fantasie! Da kannst du genauso gut zu den Sternen wollen! Die kannst du von hier we-

390 nigstens sehen!

Gudrun: Alles ist besser als das hier! Selbst das Risiko. Selbst die Aussicht auf den Tod ist besser. Denn hier ist er uns sicher. Alles ist besser, wo kein Drache haust!

Sigurd: Wo kein Drache ist, ist was anderes. Warum wartest du

395 nicht noch? Jetzt ist Aria da! Du sagst, sie will was ändern! Lass es uns versuchen. Wir brauchen dich! Wir brauchen jeden gegen das hier!

Gudrun: [*lacht*] Du wirfst mir eine blühende Fantasie vor? Du bist verrückt!

400 Sigurd: Ich habe einen Plan! Wir finden Verbündete! Niemand will das hier! Niemand! Auch nicht die Insulaner.

Gudrun: Täusch dich da mal nicht! So unbeweglich wie ihre porösen Knochen sind auch ihre Gedanken! Die wirst du nicht bewegen!

---

[11] **Schoner**: großes Segelschiff

| 405 | Sigurd: Schwester, unterschätz nicht meine Entschlossenheit! Zur Not nehme ich es mit dem Schicksal ganz alleine auf! Warte nur ab! |

405 Sigurd: Schwester, unterschätz nicht meine Entschlossenheit! Zur
Not nehme ich es mit dem Schicksal ganz alleine auf! Warte
nur ab!

Gudrun: Ich bin zu jung zum Warten! Untätig zu warten ist schlim-
mer als unüberlegt zu handeln!

410 Sigurd: Was du vorhast, ist ein Himmelfahrtskommando[12]!

Gudrun: [*aufgeregt*] Hey, was ist das?

*Sie sieht etwas glitzern im Dreck, stochert danach und zieht es heraus. Es
ist eine schwarze Platte, die ölig schimmert.*

Gudrun: Oh mein Gott! Das bringt mich dem Himmel schon viel
415 näher! Ich habe eine!

*Sie nimmt ein Tuch heraus und greift die Platte zaghaft, als würde das
Berühren ihre Hände verletzen.*

Sigurd: Vorsichtig! Verletz dich nicht! Lass mal sehen! Einigerma-
ßen groß, nicht verkratzt! Nicht die beste Drachenschuppe,
420 aber auch nicht zu verachten!

Gudrun: Genau, immerhin!

Sigurd: Glückwunsch! Damit kommst du aber noch lange nicht auf
ein Schiff!

Gudrun: Warte, bis ich das Ding poliert und geschliffen hab! Noch
425 ein paar davon, und ich bin reich!

Sigurd: Wenn einer mitkriegt, dass du deine eigenen Geschäfte da-
mit machst, kriegst du aber mächtigen Ärger! Die Drachen-
schuppen musst du an Dunkelfaust verkaufen. So sind die
Regeln!

430 Gudrun: Für einen Drachentöter bist du aber sehr gehorsam! Und
wer sollte mich verpetzen, großer Bruder? Du?

Sigurd: Da kommt jemand! Schnell, wir verschwinden!

---

[12] **Himmelfahrtskommando**: Handlung, die mit großer Wahrscheinlichkeit
das Leben kostet.

Gudrun wickelt die Scheibe in ein Tuch und versteckt sie unter ihrem Rock.

435   *Die beiden ab.*

1.4

Der Bauer und der Fischer stolpern durch den verkohlten Wald. Sie husten und halten sich Tücher vor ihr Gesicht.

Bauer: Schon wieder solch ein Schicksalsschlag! Wie kann das Pech uns nur so verfolgen?

440   Fischer: Wird immer schlimmer, früher war's besser! Aber was weg ist, ist weg!

Bauer: Immer trifft uns das Pech! Kann doch nicht sein! Früher hat er mal ein paar Bäume umgeknickt. Es war ärgerlich, aber na gut! Nun brennt er einfach ganze Wälder nieder. Warum im-

445   mer unsere?

Fischer: Er wird erwachsen. Da machst du nichts dran! Das ist halt die Natur!

Bauer: Ja, das Schicksal ist grausam! Einfach eine höhere Macht! Niemand besiegt einen Drachen!

450   Fischer: [*betrachtet den verkohlten Stamm, vor dem Gudrun und Sigurd in der vorherigen Szene gestanden haben*]. Die Bäume waren schon an uns verkauft. Neue Schiffe sollten daraus werden! [*zeigt auf den Baumstumpf*]. Aus dem hier, groß und gerade gewachsen der Mast eines stolzen Luggers[13]! Wir hatten schon

---

[13] **Lugger**: Segelboot für den Fischfang entlang der Küste.

26

455 so viele Pläne, wenn ich durch den Wald ging, sah ich schon
die Schiffe! Das Ungeheuer hat unsere zukünftige Flotte ver-
nichtet!

Bauer: Alles Asche!

Fischer: Und Asche schwimmt nicht!

460 Bauer: Schlimm, was das Schicksal mit uns macht!

*Auftritt Schuppenschleifer. Er schleppt einen schweren Sack über dem
Rücken, darin klappert es laut und dissonant.*

Bauer: [*spöttisch*] Ach, der feine Herr Schuppenschleifer!

Schuppenschleifer: Guten Tag Bauer, guten Tag Fischer! [*schaut sich
465 um*] Ein schöner Schlamassel!

Fischer: Schlamassel? Machst du dich über uns lustig? Das ist mehr
als ein Schlamassel! Das ist eine Katastrophe!

Bauer: Das Schwarz müsste doch golden für dich sein. Machst du
nicht deinen Reibach[14]?

470 Schuppenschleifer: Reibach? [*hustet trocken*] Ich mach mir nur die
Hände kaputt! Es ist ein Teufelszeug. Im wahrsten Sinne des
Wortes! Es verätzt unsere Hände, wenn wir sie schleifen, ver-
giftet unsere Lungen! [*zeigt seine bandagierten Hände*] Nichts
will ich mit dem Zeug zu tun haben.

475 Bauer: Aber du machst einen schönen Gewinn damit!

Schuppenschleifer: Schönen Gewinn? [*verächtlich*] Pah! Das reicht
gerade so zum Leben. So ein Bauer oder ein Fischer, der
bringt ein hübscheres Sümmchen nachhause, bilde ich mir
ein!

480 Bauer: Sieh dich mal um! Was könnte ich dir denn anbieten? Staub
habe ich genug zu verkaufen, brauchst du welchen?

Fischer: Und Fische gibt's schon lange nicht mehr! Wir haben ja
nicht mal mehr Boote, um rauszufahren.

---

[14] **Einen Reibach machen**: (veraltet) Gewinn machen.

Schuppenschleifer: [*zuckt mit den Schultern*] Der feine Herr Dunkel-
485   faust macht den Reibach. Wir kriegen, was ihm vom Teller
        fällt. Krumen.
Bauer: Wenn die Krumen groß genug wären, könnten wir sogar
        davon leben! Immerhin sein Drache, sein Gewinn.
Schuppenschleifer: Sein Gewinn, unser Schaden, würde ich sagen.
490   Wir zahlen, was der Drache klein haut.
Fischer: Was willst du machen? So ist die Welt!
Schuppenschleifer: Vielleicht stimmt was nicht mit der Welt!
Fischer: Die Welt ist, wie sie ist! Die war schon immer so. Da än-
        dert sich nichts dran!

495 *Alle drei nicken. Pause.*

Bauer: Trotzdem, der Schuppenschleifer hat recht! So kann es nicht
        weitergehen! Bei allem Recht, das Dunkelfaust hat. Er kann
        uns nicht auf unserem Schaden sitzen lassen. Der feine Herr
        soll wissen, wie es ist! Aus seinem Palast sieht er unsere Not
500   nicht! Der Luxus verstellt ihm die Sicht auf unser Leid.
Schuppenschleifer: Dann lasst uns zu ihm gehen! Wir werden ihm
        zeigen, was er aus seinem Palast nicht sieht!
Bauer: Ja, lasst es uns versuchen!
Fischer: Reden hat noch nie geschadet!

505 *Alle drei ab.*

Vorhang.

1.5

Der Seemann am Meer. Im Hintergrund die verkohlte Landschaft. Er ist eigentlich ein idyllisches Ufer, aber überall liegt angeschwemmter Müll. Er spricht mit sich selbst.

510 Seemann: Kranke Welt, vergiftet, gallig, grausam. Im Wald dort hinten hat die Megäre[15] ein Meer des Rauchs geschaffen. Aber auch hier am Ufer, wo ich zuhause bin, wo's ruhiger und viel klarer ist, da sind die Dinge aus dem Lot. Alles ist schief aus allen Winkeln. Wie Säufer wanken wir umher und beugen
515 und verbiegen uns, um alles wieder grad zu machen, was uns schief vorkommt, dabei taumeln wir torkelnd, stammeln stockend und irren fallierend[16].

Er geht den Strand entlang. Immer wieder hebt der Seemann etwas Müll auf, begutachtet ihn. Wenn er etwas gebrauchen kann, dann packt er es in
520 *eine große Plastiktasche, ansonsten legt er es vorsichtig zurück.*

Seemann: Lass mal suchen, lass mal finden! So viel Zeug, so viel Müll! Schau mal an, schau mal her! [*findet eine Kokosnuss*] Diese Frucht habe ich schon mal gesehen. Lecker war sie, lecker! Tausende Tage her und Tausende Kilometer entfernt,
525 hat es jemand ins Meer geworfen, und es hat seinen Weg zu uns gefunden. Früher segelten wir zu den Dingen, heute besuchen sie uns. Die fremde Welt kommt zu uns, auch wenn wir sie nicht eingeladen haben, und bürdet uns ihre Sünden auf, [*schaut zum Rauch*] und wir ihr unsere? Niemand hat den
530 anderen zu beschuldigen, keiner ist ohne Schuld. An jedem Ende der Welt sind wir vereint in unseren Sünden.

---

[15] **Megäre**: eine der Rachegöttinnen in der griechischen Mythologie, die für die Verfolgung und Bestrafung von Verbrechen zuständig ist.
[16] **Fallieren**: (veraltet) misslingen

29

Auftritt Aria.

Aria: Hallo, lieber Seemann! Erinnerst du dich an mich? Ich bin's Aria!

535 Seemann: [*erfreut*] Die Großtochter vom alten Dunkelfaust! Zurück aus der weiten Welt?

Aria: Du bist noch unter uns? Wie habe ich dich vermisst, und auf dem Meer, den vielen Wochen auf dem Schiff, auf meinem Weg zurück hierher musste oft ich an dich denken!

540 *Sie umarmen sich.*

Aria: Du ziehst dem Meer das Land nun vor?

Seemann: Es ist mehr ein Zurückziehen in meinen letzten Tagen.

Aria: Du sprichst in Rätseln.

Seemann: Ein alter Narr mit alten Worten bläst seinen Unsinn mit
545 Rätseln auf, um klüger zu klingen als der Geist noch garantiert.

Aria: So alt bist du doch nicht, und hinter deinen Worten höre ich mehr Weisheit als Unsinn!

Seemann: [*hebt etwas Müll auf, inspiziert ihn und steckt ihn in die Ta-*
550 *sche*] Zu viel Unrat, aber wenn man schaut, dann findet man. Und was man gefunden hat, kann man vielleicht gebrauchen und zu Neuem formen.

Er holt aus seiner Jackentasche eine kleine Figur einer Tänzerin, die er aus Müll sehr kunstvoll gebastelt hat, und gibt sie Aria.

555 Seemann: Für die liebe Herrin! Aus dem angeschwemmten Unrat kann man hier und da noch etwas zaubern. Auch auf dem Unrat kann noch Hoffnung wachsen. Meine Augen lassen nach, und meine Finger werden steif, aber als Seefahrer auf fernen Ozeanen hat man viel Zeit, genug, um ein kleines Ta-
560 lent zu entwickeln!

Aria: [*entzückt*] Herrin bin ich nicht, aber vielen, vielen Dank! Ich werde einen schönen Ort dafür finden! Hast du mal überlegt, sie zu verkaufen? Deine kleinen Figuren? Du bist ein richtiger Künstler!

565 Seemann: Bin ein alter Mann, der zu lange auf zu vielen Schiffen zu viel Zeit gehabt und sich was beigebracht hat. Aber nicht alles muss zu Geld gemacht werden. Nicht alles ist ein Geschäft. Deine Freude ist auch eine hübsche Münze!

Aria: Na gut! Aber du hast recht, so viel Unrat! So viele Probleme!
570 So viel gibt's zu tun! Es ist eine Schande und auch eine Chance!

Seemann: Jetzt liegt es an der Erbin, was Neues zu formen.

Aria: [*lacht*] Was hab ich denn geerbt? Hab ich was verpasst?

Seemann: Du wirst es, du wirst es! All das wird einmal dir sein!
575 Die ganze Insel, der Smaragd des Ozeans… mit all dem Unrat und natürlich dem Drachen. Du erbst das Land, aber auch die Bürde.

Aria: Möchte nicht herrschen! Ich möchte zusammen mit allen Lösungen finden!

580 Seemann: Dein Großpapa und ich teilen ein Alter, das eine dicke Schwarte[17] voller Vergangenheit gefüllt hat, aber nur noch wenige leere Seiten für die Zukunft lässt! Deine Chronik[18] ist noch unbeschrieben! Viele Seiten, die darauf warten, dass deine Heldentaten darin verewigt werden!

585 Aria: Ich hoffe, der alte Dunkelfaust wird uns noch lange erhalten bleiben, genau wie du, sein lieber Weggefährte! Aber ich bin mir sicher, dass ich in neun Leben nicht so viele Heldentaten erleben werde, wie ihr das habt! Allein, wie ihr das Drachenei errungen habt! Die Geschichte habe ich unzählige Male ge-
590 hört! Ich erinnere mich, wie Großvater mir als kleines

---

[17] **Schwarte**: (veraltet) dickes Buch
[18] **Chronik**: eine geschichtliche Darstellung, hier Biografie

Mädchen eure Geschichten, eure Heldentat erzählt hat! Immer und immer wieder musste er sie wiederholen, weil ich einfach nicht genug bekommen konnte! Aber die Zeit für Helden ist nun vorbei. Jetzt brauchen wir Köpfchen und Verstand.

Seemann: Ich bin mir nicht sicher, dass die Köpfe, mit denen du es zu tun haben wirst, nicht zu hart sind für deine weichen Worte und den scharfen Verstand.

Aria: Ich bin da gut gestimmt. Das hier kann es ja nicht sein! Wir schaffen das!

Seemann: Ein sturer Kopf ist härter als jeder Diamant der Weisheit. Du wirst dir noch die Zähne daran ausbeißen!

Aria: Wir werden sehen!

Der Seemann schaut in die Entfernung, dreht sich um und wandert ohne ein weiteres Wort von der Bühne. Aria schaut ihm nach.

Aria: Ein wunderlicher Kauz! Ich hoffe, dass er mir noch lange erhalten bleibt!

Vorhang.

2. Akt

2.1

610 *Gudrun und Sigurd in der verkohlten Landschaft. Aria von der anderen Seite. Aria und Sigurd sehen einander, laufen aufeinander zu und umarmen sich lange und inniglicher, als Freunde das würden. Man merkt, dass sie sich etwas bedeuten.*

Aria: Wie habe ich dich vermisst!

Sigurd: Und ich dich!

615 Aria: Wir sind wieder vereint! So oft in meinen Gedanken in der Ferne habt ihr mich getröstet, wenn ich in meiner Einsamkeit - weit, weit in der Ferne - an euch gedacht habe, nun wird es endlich wahr. Nun sind wir endlich wieder vereint!

Gudrun: In einer verbrannten, untergegangenen Welt!

620 Sigurd: [*bitter*] Sie geht mittlerweile fast jeden Tag unter! Jeden Tag neue Katastrophen. Jeden Tag mehr Untergang!

Gudrun: Trotzdem geht die Sonne in der Ferne jeden Tag wieder neu auf.

Sigurd: Aber jeden Tag trauriger!

625 Aria: Was macht ihr hier? Gudrun ist mir einfach abgehauen! Und das während der größten Gefahr!

Gudrun: Wir suchen.

Aria: Was denn?

Sigurd: Unsere Erinnerungen [*zeigt auf den Baumstumpf*]. Was da-
630 von übrig ist.
Gudrun: Die Zukunft kann er uns nehmen, aber die Erinnerungen
gehören uns.
Aria: Wir haben hier als Kinder gespielt.
Gudrun: Hier spielen auf Hundert Jahre keine Kinder mehr!
635 Aria: Großpapa hat mir in Aussicht gestellt, die Dinge zu verän-
dern. Zusammen mit ihm und euch werden wir es schaffen!
Sigurd: Dein Großvater hat uns das alles eingebrockt! Der wird
keine Lösung sein.
Aria: Großpapa arbeitet unermüdlich.
640 Sigurd: An seinem Reichtum arbeitet er. Und wir auch. Wir suchen
in der Asche unserer Heimat für ihn nach Drachenschuppen
und stochern in Drachenscheiße nach schwarzem Glasstein!
Sieh dich uns an! Zerschnitten und verätzt! Das Monster
selbst ist pures Gift! Und wir verkaufen es deinem Großvater
645 für wenige Groschen[19], und er macht sinnlosen Tand daraus
und verkauft ihn für tonnenweise Gold!
Aria: Du bist ungerecht! Uns geht es allen besser! Zugegeben, man-
chen mehr als anderen. Aber das wird sich ändern! Er hat nur
das Beste im Sinn!
650 Sigurd: Das Beste für ihn ist nicht das Beste für uns! Es ist nicht nur
das Drachengift, das brodelt. Im Dorf brodelt's auch! Wie der
Feuersturm über uns hereinbricht, wird ein anderer über dei-
nen Großpapa brechen. Vertrau mir! Die Menschen sind un-
zufrieden, so kann es nicht weitergehen!
655 Aria: Die Menschen sind so undankbar! Sie sollen sich daran erin-
nern, wie sie zuvor gehaust haben. Nun sind die Straßen

---

[19] Groschen: eine geringe Summe Geld.

gepflastert, wir leisten uns köstlichste Kolonialwaren[20] aus den fernsten Ländern! [*zu Gudrun*] Wie siehst du das?

Gudrun: Hoffentlich bald aus der Ferne!

660   Aria: Was meinst du?

Sigurd: Sie will fliehen.

Aria: Fliehen? Wovor willst du denn fliehen? Unsere schöne Insel ist doch kein Kerker!

Gudrun: Sieh es dir doch an! Wo ist hier Schönheit? Schönheit ist
665   Vergangenheit. Ich sehne mich nach der in der Zukunft, aber die ist in der Ferne!

Aria: Du willst uns wirklich verlassen?

Gudrun: Welche Zukunft habe ich hier?

Aria: Lass es uns doch erst versuchen! [*zu Gudrun*] Versprich mir,
670   nicht alles wegzuwerfen und dein Leben nicht zu riskieren, bevor wir es im Guten versucht haben!

Gudrun: [*einlenkend*] Vielleicht…

Aria: [*zu Sigurd*] Du musst ihr das ausreden! Weißt du, wie gefährlich das ist? Sie allein auf ein Schiff zu lassen, das ins Unge-
675   wisse fährt? Weißt du, was ihr alles zustoßen kann? Die See ist gefährlich, Seeleute auf einer langen Fahrt sind unangenehme Gesellen! Die Welt ist gefährlich! Es gibt Tausend Risiken! Ich habe sie gesehen, und ich hatte Privilegien! Als Flüchtende wäre sie vollkommen schutzlos dem Bösen ausge-
680   liefert!

Gudrun: Tausend Risiken auf der Flucht, ich glaub dir das! Hier gibt es nur ein Risiko. Aber es ist tausendmal gefährlicher! Die Ferne verspricht mir einen Traum. Hier ist mir nur der Tod versprochen!

685   Aria: [*schüttelt den Kopf, zu Sigurd*] Ich kann nicht glauben, dass du sie dabei unterstützt.

---

[20] **Kolonialwaren**: (veraltet) Lebensmittel aus fernen Ländern (früher Kaffee, Tee, Gewürze etc.)

Sigurd: Ich unterstütze sie nicht. Ich kann sie aber verstehen.

Aria: Großpapa wird alles richten, und wenn nicht, tue ich es!

Sigurd: Der Alte wird noch lange nicht abtreten! Solange er da ist,
690   wird er an den wenigen verbliebenen Tagen kleben! Wenn du
ein Morgen willst, dann musst du heute aufbegehren! Dann
muss der Drache weg! Besser heute als morgen!

Aria: Du willst die Revolution! Du willst den Drachen töten?

Sigurd: Den Drachen mindestens!

695   Aria: [*entsetzt*] Mindestens? Ja was denn noch?

Sigurd: Das Monster ist doch nur ein Symbol. Es ist einfach überall
und in uns allen. Wir selbst sind das Ungetüm! Aber als erstes
muss der Drache weg. Jeden Tag beobachte ich ihn, wie einen
guten Freund. Ich kenne seine Macht, aber mich interessiert
700   seine Schwäche. Jeden Tag komme ich ihr mehr auf die Spur.
Er wächst, wird größer und mächtiger, aber er wird auch ver-
wundbarer, je mehr ich über ihn weiß, desto schwächer ist er!

Aria: Du willst ihn wirklich töten? Als wärst du noch ein kleiner
Junge? Das ist doch Aberwitz[21]! [*zu Gudrun*] Gudrun, du
705   musst davon abhalten!

Gudrun: Ich habe keine Meinung mehr. Ich hab mit dem hier abge-
schlossen!

Aria: Ich hatte so auf euch gehofft. Was ist mit euch geschehen?
Wie habt ihr euch beide verändert?

710   Sigurd: Das Gift des Drachens ist uns ins Blut übergegangen. Du
wirst sehen, dass die ganze Insel damit durchdrungen ist! Die
Dinge sind nicht mehr so, wie du sie verlassen hast.

Vorhang.

---

[21] **Aberwitz**: (veraltet) Wahnsinn

2.2

Dunkelfaust in seinem Palast. Es ist eine Mischung aus einer riesigen
715 *Bibliothek und einer Werkstatt mit unzähligen Büchern und chemischen*
Armaturen, wie sie ein altmodischer Erfinder hat. Auf einem Regal stehen
repräsentativ riesige Drachenzähne und schwarz ölig schimmernde Dra-
chenschuppen als Wandschmuck sowie Medaillen und Schmuckketten aus
ähnlichem Material. Am Fenster steht ein großes Teleskop. Dunkelfaust
720 *sitzt über allerlei Dokumente gebeugt. Manchmal hält er sich ein Ta-*
schentuch vor die Nase und fächert sich Luft zu. Auftritt Kupferstift mit
einigen Akten.

Kupferstift: Hier sind wie gewünscht die letzten Zahlen der Schup-
penschleifer und der Polierer.
725 Dunkelfaust: Wie sieht es aus?
Kupferstift: Es sieht sehr gut aus. Wir haben noch nie so viel pro-
duziert und auch in einer Qualität, die wir noch nie gesehen
haben!
Dunkelfaust: Was machen die Arbeiter?
730 Kupferstift: Wir stellen mehr und mehr ein! Aber sie wollen auch
mehr Lohn. Sie meinen, die Arbeit sei zu gefährlich.
Dunkelfaust: Dann verkaufen wir ihnen Schutzkleidung. Lass sie
anfertigen, aber mach sie nicht zu teuer! Sagen wir den dreifa-
chen Einkaufspreis. Und lass sie wissen, dass wir uns um ihre
735 Gesundheit sorgen.
Kupferstift: Jawohl, Herr. Außerdem…?
Dunkelfaust: Was denn noch?
Kupferstift: Der Fischer beschwert sich, dass er ihre Schiffe zer-
trümmert und das Holz auf der Insel knapp wird. Der Bauer,
740 dass seine Äcker zerstört und das Vieh gefressen wird.
Dunkelfaust: Die verstehen einfach nicht, dass sich die Zeiten geän-
dert haben! Holz, Korn, Fische, Vieh? Wofür brauchen wir
Holz, wenn wir uns gleich Fischerboote kaufen können! Aber

745	wofür brauchen wir Fischerboote, wenn wir gleich allen Fisch der Welt kaufen können? Den köstlichsten und rarsten! Die Dummen haben immer noch nicht verstanden! Die Kosten steigen linear, die Gewinne dagegen exponentiell! Weißt du, was das heißt? Wir haben ihn lange großgezogen und nicht viel von ihm zurückbekommen. Jetzt ist die Zeit der Ernte!
750	Sag ihnen das! Nein, warte. Ich rede selbst mit ihnen! Bring sie her, ich gewähre ihnen Audienz!

Kupferstift: Natürlich!

Dunkelfaust: Genug von diesen Lappalien! [*studiert ein Dokument*]
70% mehr Drachenschuppen, die auch noch im Durchschnitt
20% größer geworden sind, zehn Zähne und fast eine Tonne
Obsidian[22].

Kupferstift: Wer hätte gedacht, dass man einen Drachen großziehen und sich daran gütlich tun kann? Sie sind solch ein Genie!

Dunkelfaust: Die Ausgaben steigen auch, das gebe ich zu. Die Kollateralschäden steigen stärker als kalkuliert. Aber wer einen Drachen reitet, darf sich vor ein paar Brandblasen nicht fürchten.

Kupferstift: Ihre Visionen sind einfach unerreicht!

Dunkelfaust: Genug der Schmeichelei! Schließ das Fenster! Der Gestank ist schwer zu ertragen. Ein Problem, das es auf jeden Fall zu lösen gilt! Es stinkt bestialisch! Das kann so nicht weitergehen! Ich mache mir Gedanken, denn mit dem Gestank von Schwefel und verbrannter Erde kann niemand leben.

Kupferstift ab.

Dunkelfaust beugt sich über seine Zeichnungen.

---

[22] **Obsidian**: besonders hartes vulkanisches Gesteinsglas, aus dem man Schmuck oder Messerklingen herstellt.

2.3

Aria kommt zu ihrem Großvater in die Bibliothek.

Aria: Ich muss mit dir reden! Es ist wichtig. Der Drache!

Dunkelfaust: Ich weiß! Ich weiß! Und ich bin schon dran! Der Ge-
stank ist unerträglich! Der muss weg, das gebe ich gerne zu
775   und mache mich daran!

Aria: Nein, du verstehst nicht! Er ist außer Rand und Band!

Dunkelfaust: Ganz ruhig, meine Liebe! Noch bist du nicht bereit,
aber bald, sehr bald. Lass mich dir eine kleine Lehre geben:
Die Dinge sind nie so dringend, wie sie scheinen. Warte nur
780   ab! Deine Zeit kommt schon noch! Ich werde mit dir regieren,
aber nicht in dieser Sache. Die Menschen beschweren sich
über den Drachen. Aber meinst du wirklich, sie wollen ohne
ihn leben? Natürlich transformiert er, und die Dummen glau-
ben, dass er zerstört. Aber die Transformation ist die Zukunft,
785   und das müssen sie erst begreifen! Ich werfe es den guten
Menschen mit ihren einfachen Gemütern nicht vor, aber sie
durchschauen nicht alles. Wie sollten sie auch? Sie haben halt
nicht den Verstand!

Aria: Aber so kann es nicht weitergehen! Er zerstört unsere Insel!

790 Dunkelfaust: Werde bitte nicht hysterisch, und lass dich nicht von
ihnen anstecken! Er nimmt sich etwas von der Insel und dafür
gibt er umso mehr. Wie die Ziege, die Gras frisst und dafür
Milch gibt, aus der wir den köstlichsten Käse machen!

Aria: Ich weiß nicht.

795 Dunkelfaust: Siehst du, es fehlt dir einfach an Erfahrung und Vor-
stellung! Ich werfe dir das nicht vor! Aber genug davon! Ich
brauche jetzt deine Hilfe!

Aria: Wie kann ich dir helfen? Mit der Drachenfrage? Meinst du,
wir können ihn in Ketten legen? Oder in seiner Höhle

800 einsperren? Wir müssen ihm Einhalt gebieten, solange wir es
noch können! Bald wird er einfach zu gewaltig sein, als dass
wir etwas gegen ihn ausrichten könnten!
Dunkelfaust: Ich stimme dir in allem zu, und wir werden ihm seine
Grenzen zeigen! Aber erst brauch ich deine Expertise für et-
805 was anderes!
Aria: [*eifrig*] Womit kann ich dir behilflich sein? Die Insel und ihr
Wohl ist mir wichtiger als alles!
Dunkelfaust: Dein Eifer ehrt dich und ich kann ihn gut nutzen!
Hilfst du mir, das große jährliche Fest zu planen? Niemand
810 hat so einen guten Geschmack wie du!
Aria: [*überrascht*] Oh…
Dunkelfaust: Sei nicht enttäuscht. Die Menschen sind aufgebracht.
Sie brauchen Abwechslung. Sie haben hart gearbeitet und
sind erschöpft. Sie haben sich die jährliche Feier verdient! Die
815 zu planen, ist Aufgabe einer zukünftigen Herrscherin! Und
dann, wenn sich alle beruhigt haben, gehen wir das Problem
des Drachens an! Er ist einfach Neuland, da dürfen wir nichts
übers Knie brechen!
Aria: [*enttäuscht*] Vermutlich liegst du richtig.
820 Dunkelfaust: So gefällst du mir besser! Jetzt zeigst du deine Verant-
wortung für die Insel!
Aria: Wenn du meinst…
Dunkelfaust: Ich dachte an ein Festmahl mit Köstlichkeiten aus al-
ler Welt. Aus all den Ländern, mit denen wir handeln! So
825 können sie noch mehr Stolz auf unseren Smaragd des Ozeans
empfinden! Einmal im Jahr sollen sie sich gut fühlen!
Aria: [*etwas unglücklich, aber widmet sich der Aufgabe*] Ja, das würde
ihnen gefallen. Meinst du, wir können die Konditoren bitten,
kleine Teigsüßigkeiten in der Form unserer Insel zu backen?
830 Dunkelfaust: Was für eine großartige Idee!

Aria: Wein und Liköre aus allen Ländern der Welt, wäre das eine Idee?

Dunkelfaust: Wundervoll!

Aria: Was mir noch so durch den Kopf geht. Der Drache dominiert den Himmel und schwebt immer über uns. Mit einem großen Feuerwerk könnten wir zeigen, dass der Himmel uns gehört. Wie findest du das?

Dunkelfaust: Teuer, sicher teuer, aber großartig, definitiv großartig! Für diesen Abend sollte uns nichts zu kostbar sein! Du weißt gar nicht, welche Bedeutung solch eine Feier für die Gemeinschaft hat!

Aria: Ja, das kann ich mir denken. Meinst du, wir können dann auch bald über die großen Probleme sprechen?

Dunkelfaust: Sicher, Kindchen, ganz sicher, und jetzt geh und mach dich an die Planung!

Aria: Danke, Großpapa!

Aria geht ab, bleibt aber noch einmal stehen.

Aria: [*beiseite*] Was war das? Was ist hier gerade geschehen? Er hat mir versprochen, mich einzubeziehen, aber gemeint hat er eine dämliche Party? So habe ich mir das nicht vorgestellt! Er wollte meine Hilfe und macht mich zu seiner Marionette. Von wegen, er sucht meinen Rat! Sein Rat betört die Tumben, und so tumb[23] glaubt er, dass ich bin, wenn er mich so abspeist. Ist mein Rat so wenig wert?

Aria ab.

---

[23] **tumb**: einfältig, naiv

41

2.4

Dunkelfaust in seiner Bibliothek.

Dunkelfaust: Ich mag sie sehr. Sie hat Tatendrang und Esprit. Sie ist meinungsstark und entschlossen. Sie hat ein gutes Herz und Empathie[24]! Alles wundervolle Eigenschaften in einem
860 Menschen, und ich könnte nicht stolzer auf sie sein! Dennoch… Sie ist so dramatisch und ängstlich! Erfahrung hätte sie gelehrt, dass nichts so gefährlich ist, wie es scheint! Dass Angst die größte Gefahr für den Fortschritt ist! Natürlich ist der Lindwurm[25] mächtig, aber Ideen sind es noch mehr, und
865 egal wie heiß sein Feuer ist, der kühle Kopf wird es besiegen. Panik aber ist die letzte Zuflucht der Kopflosen! Doch woher soll sie das wissen? Sie ist jung und naiv, denkt nur an sich und ihre kleine Welt, aber nicht an das Große und Ganze. Es geht halt um mehr als die Insel. Es ist das Privileg der Jugend,
870 meinungsstark zu sein! Aber es ist auch kindlich, wenn sie nur an die kleinen Menschen denkt, aber nicht an das große Vermächtnis. Niemand hat je zuvor einen Drachen bezwungen. Dies ist der Beginn eines vollkommen neuen Geschäftsfelds! Eine Vision für die Zukunft! Schaffe ich es, diesen Dra-
875 chen zu zähmen, was ist noch alles möglich? Ich werfe ihr ihre naive Philanthropie[26] nicht vor. Aber sie muss auch die Zusammenhänge verstehen!

---

[24] **Empathie**: (griech.) Mitgefühl; Bereitschaft und Fähigkeit, sich in andere Menschen einzufühlen

[25] **Lindwurm**: (veraltet) Drache

[26] **Philanthropie:** (griech.) "Liebe zum Menschen". Im Allgemeinen bezieht sich Philanthropie auf das freiwillige Engagement von Einzelpersonen oder Organisationen, um das Wohl anderer Menschen zu fördern und soziale Probleme anzugehen.

Dunkelfaust: Doch nun an meine nächste Herausforderung!

Er geht an eine große Tafel und beginnt zu zeichnen.

3. Akt

3.1

880 *Die Bibliothek. An einer großen Tafel steht Dunkelfaust vor der angedeu-*
teten Skizze eines Ventilators, der mit dem Fuß angetrieben wird und
Luft umwälzt. Man erkennt, dass dieser Ventilator den Schwefelgestank
vertreiben soll. Großes Geschrei. Erst ganz leise, aber immer präsent, auch
wenn es von den Handlungen auf der Bühne übertönt wird, das Trom-
885 *meln des Drachens. Auftritt Kupferstift durch eine Tür. Als er hinein-*
kommt, schwillt das Geschrei an, er schließt die Tür hinter sich mit Mühe.

Kupferstift: Herr, ich habe die Arbeiter eingeladen. Ich fürchte
    aber, nicht nur sie sind gekommen, sie haben auch ihre Wut
    mitgebracht!
890 Dunkelfaust: Lass sie rein! Ich nehme es mit ihnen auf! So ein elo-
    quentes Scharmützel trainiert den Geist!

Kupferstift öffnet die Tür, an ihm vorbei stürmen wütend herein: Der Fi-
scher, der Schuppenschleifer, der Bauer. Dazu im Hintergrund bleiben
Gudrun, Aria und Sigurd.

895 Schuppenschleifer: So kann's nicht weitergehen!
Fischer: Dein Drache zertrümmert unsere Boote!

Schuppenschleifer: Das Schleifen der Schuppen vergiftet unsere Lungen und sie verätzen unsere Hände! Meine Leute werden krank!

900 Bauer: Er frisst unser Vieh und vernichtet unsere Ernten!

Fischer: Dein Monster vergiftet das Meer! Das Meer ist leergefressen!

Schuppenschleifer: Es ist eine unwürdige Drecksarbeit!

Alle drei gleichzeitig, aber nicht zusammen: So kann es nicht weitergehen! Es reicht!

905

Dunkelfaust hört ihnen ruhig, aber ungeduldig zu, dann ruft er sie mit einer Handbewegung zur Ruhe.

Dunkelfaust: Meine Freunde, meine geschätzten Freunde, meine geliebten Freunde! Wenn der Wind der Veränderung weht, bauen manche Mauern! Andere bauen Windmühlen! Wir müssen das als Zeichen sehen und die Veränderung für uns nutzen! Wir können es schaffen! Ich höre eure Klagen! Alles, was ihr beklagt, habe ich schon wahrgenommen, denn ich sorge mich um euch, wie ihr euch, da bin ich mir sicher, um mich! Ich leide mit euch mit! Und ich gebe euch recht. Ihr nennt ihn meinen Drachen, aber es ist unserer!

910

915

Schuppenschleifer: Warum profitierst dann nur du und wir leiden? Wenn du einer von uns bist, warum bist du dann reich und wir sind arm?

920 Dunkelfaust: Sei nicht unfair! Ich bin einer von euch, das kannst du nicht leugnen! Und ich bin großzügig, wie ihr verständnisvoll seid! Ich bin nur einer, ihr seid viele! Nicht ich bestimme irgendetwas. Ihr tut es! Ich bin nur unterwegs zu eurem Wohl, und was ich habe, ist ehrlich verdient und steht in eurem Dienst! Ich hatte Ideen, ich habe sie umgesetzt, etwas geleistet und schließlich bescheiden daran verdient! Was ist deine Mission, was hast du getan, deine Vision umzusetzen? Bist du an

925

die unwirtlichsten Orte gereist, hast einer feurigen Furie von
Drachenmutter ein Ei geraubt? Nichts dergleichen hast du ge-
930 tan! Ich werfe es dir nicht vor, aber wirf mir nicht vor, dass
ich mein Schicksal in meine Hand nehme, wir ihr das auch
solltet!

Schuppenschleifer: [*sichtlich eingeschüchtert und leiser*] Das ist ja un-
erhört! Weil ich meine Tage damit verbringe, das Essen für
935 meine Familie auf den Tisch zu bringen. Da habe ich keine
Zeit für Visionen.

Dunkelfaust: Das ist die Ausrede eines, verzeih mir die Worte, ei-
nes Mannes, der nie Erfolg haben wird! Das sind die Worte ei-
nes Verlierers!

940 *Das Trommeln wird nun ohrenbetäubend laut und übertönt alles.*

Bauer: [*erzürnt*] Was ist mit dem Fischer und mir? Ich habe die Fel-
der bestellt und Vieh gehalten. Der Fischer hat die Küste be-
fischt! Wir waren wohlhabend, wir haben gut gelebt. Wir hat-
ten Ideen, wir hatten Visionen! Wir haben sie auch umgesetzt.
945 Doch dann kam der Drache und hat meine Felder verbrannt,
das Vieh gefressen, die Kähne des Fischers zertrümmert und
das Meer vergiftet. Kein Halm wächst mehr, kein Vieh lebt
mehr, kein Fisch schwimmt mehr, wo der Drache ist! Und
nun? Nun bringen uns fremde Schiffe Korn, Fisch und
950 Fleisch. Bald sind wir gezwungen, in euren Fabriken zu arbei-
ten!

Dunkelfaust: Und ich freue mich auf den Tag, an dem ich euch in
meiner Fabrik begrüßen darf! Ich kenne euch schon lange als
gewissenhafte, verlässliche und hart Arbeitende! Dafür lasse
955 ich gerne das exotischste Fleisch, die schmackhaftesten Fische
und das beste Korn aus aller Welt importieren! Du siehst, ich
denke an uns alle, nicht nur an mein eigenes Wohl! Glaubst

du, dass der Drache nicht auch meine Felder befällt? Das tut
er, oh das tut er! Aber hörst du mich darüber jammern?

960 *Das Trommeln des Drachens schwillt an.*

Mauerschau[27]: Der Schuppenschleifer geht ans Fenster und sieht hinaus.

Schuppenschleifer: Er ist in Rage. Er speit Feuer und rollt durch die
Luft wie ein Tornado. Sein Feuer regnet auf den Wald am
Stadtrand! Er stürzt hinab in die Flammen, wälzt sich, suhlt
965 sich, rollt sich!
Dunkelfaust: Fabelhaft! Das wird eine Ernte! Er häutet sich, er wirft
seine Schuppen ab! Er wächst! Wachstum! Unglaubliches
Wachstum!
Bauer: Es wird immer schlimmer! Wir können das nicht weiter zu-
970 lassen!
Schuppenschleifer: So kann es nicht weitergehen!
Fischer: Es reicht jetzt!
Sigurd: [*beiseite*] Das ist meine Gelegenheit! Der Moment ist gekom-
men! [*tritt nun nach vorne*] Lasst uns endlich handeln! Wir ha-
975 ben es lange genug gesehen! Wir waren zu lange faul! Aber es
reicht nun! Wisst ihr nicht, was er tut? Er häutet sich! Er häu-
tet sich, weil er wächst. Er wird mächtiger, er wird brutaler,
mächtiger, wilder, viel, viel mächtiger! Wenn wir ihn jetzt
nicht besiegen, dann mag es schon bald zu spät sein, weil er

---

[27] **Mauerschau**: eine Technik, bei der Ereignisse, die sich außerhalb der
Bühne abspielen, durch die Berichte von Figuren auf der Bühne für
das Publikum sichtbar gemacht werden. Diese Technik wird verwen-
det, um dem Publikum wichtige Informationen zu vermitteln, ohne
dass die entsprechenden Szenen tatsächlich dargestellt werden müs-
sen. Der Begriff "Mauerschau" ist dabei metaphorisch zu verstehen:
Die Figuren schauen symbolisch über eine Mauer und berichten, was
sie sehen, wodurch die Zuschauer das Geschehen vor ihrem inneren
Auge miterleben können.

980 unbesiegbar wird! Es gibt nur eine Antwort! Der Drache muss
weg! In den nächsten Tagen, wenn er durch seine Transfor-
mation geht, ist er schwach und angreifbar, und zusammen
können wir ihn besiegen! Lasst uns handeln, lasst es uns jetzt
tun! Lasst uns einen Plan schmieden! Ihr sehr, der Alte hat
985 nur Spott für euch. Lasst etwas Neues wachsen! Die Hoffnung
auf eine Zukunft!

Schuppenschleifer: Jawohl! Es reicht!

Fischer: Vielleicht… aber wir sollten nichts übers Knie brechen.

Dunkelfaust: Weg? Bist du des Wahnsinns? Der Drache hat uns so
990 viel gegeben! Die Straßen sind dank ihm gepflastert, erinnert
ihr euch noch, wie wir durch Matsch waten mussten, Gasla-
ternen leuchten uns den Weg in der Nacht und wir stolpern
nicht mehr über unseren Unrat. Sieh dir diese gemauerte Burg
an! Welch ein Meisterwerk! Dies alles hat uns der Drache ge-
995 schenkt! Wollt ihr wirklich dahin zurück? Wollt ihr in die
Vergangenheit? Wir müssen in die Zukunft, aber in die rich-
tige!

Sigurd: [*zu den drei Bürgern*] Was für eine Zukunft haben wir denn
mit ihm? Niemand lebt in einem Palast. Nur er! Früher hattet
1000 ihr etwas Eigenes, einen Beruf, ihr konntet selbst über euer
Leben entscheiden! Jetzt seid ihr abhängig von ihm, von dem,
was er euch an Krumen hinwirft!

Dunkelfaust: [*außer sich vor Wut*] Still! Welch ein Wahnsinn! Lasst
ihr so mit euch reden? Morgen, wenn er sich zur Ruhe legt,
1005 dann sammelt! Und mit dem, was ihr mir bringt, kaufen wir
euch Boote, Holz, Fleisch, Wein! Was immer ihr wollt! Ich ver-
spreche euch Köstlichkeiten, von denen ihr nie gehört, nicht
einmal geträumt habt! Morgen, morgen werden wir reich
sein! Morgen werden wir feiern! Und übermorgen lade ich
1010 euch ein! Schon übermorgen erwarten wir den Frachter, und

dann steigt ein großes Fest! Ich gebe euch alles, alles, was ihr braucht! Alles! Glaubt ihr mir oder diesem Kind?

Bauer: Ich weiß nicht…

Fischer: Nein, ich auch nicht.

1015 Gudrun: [*beiseite*] Darauf hab ich gewartet! Aber ich werde nicht länger warten als sie! Morgen wollen sie suchen? Morgen, wenn es sicher ist? Wenn sie meinen, sie können bis morgen warten, dann kann es nicht so dringend sein! Sie brauchen die Trophäen offensichtlich nicht so sehr wie ich! Wenn ich heute
1020 gute Beute mache, kann ich übermorgen schon von hier fliehen, wenn der Schoner wieder ablegt! Wenn sie zum Ernten ausfahren, werde ich meine schon eingefahren haben! Ich muss mich beeilen, ihrer Gier zuvorzukommen!

Gudrun ab.

1025 Dunkelfaust: Wollt ihr nicht erreichen, was ich erreicht habe? Ich sag es euch: An eurer Stelle war ich auch einmal. Und ich habe meine Angst überwunden! Ich habe gelernt, und ich habe profitiert! Lasst uns zur Ernte schreiten! Bringt mir die Drachenschuppen, die Zähne, bringt mir, was er abwirft!
1030 Bringt sie mir, sobald er schläft! Bringt sie mir, und ich zahle euch den doppelten Preis!

Bauer: [*enthusiastisch*] Den doppelten?

Schuppenschleifer: Wirklich?

Fischer: Den doppelten Preis! Das ist ja doppelt so viel!

1035 Sigurd: Was nützt euch der doppelte Preis, wenn ihr tot seid?

Fischer: Du musst ja nicht! Dann bleibt mehr für uns!

Dunkelfaust besinnt sich für einen Augenblick, dann hebt er an.

Dunkelfaust: [*laut und imposant brüllend*] Nein, der Junge hat recht! Was nützt euch der doppelte Preis? Ich zahle den dreifachen!

1040 *Bauer, Fischer und Schuppenschleifer jubeln.*

Dunkelfaust: Und vergesst nicht! Wenn ihr zurückkehrt von der Ernte, richten wir das Fest aus! Meine Großtochter Aria hat sich was Formidables überlegt! Die Feier wird größer und bombastischer, als ihr euch je zu träumen wagtet. Wir feiern
1045 nicht den Drachen! Wir feiern euren Reichtum! Bald werdet auch ihr in Palästen leben! Je stärker der Drache wird, desto größer werden unsere Paläste! Es ist genug für uns alle! Gemeinsam werden wir reich! Aber… [*dramatische Pause*] Aber ich brauche dafür eure Hilfe. Ihr müsst mir helfen! Zusam-
1050 men müssen wir klug handeln und den Drachen in die Schranken weisen, damit er euch nicht mehr belästigt. Wir müssen ihm klar machen, in welchen Grenzen er sich zu bewegen hat! Das schaffen wir! Wir schaffen das, wenn wir zusammenarbeiten! Ihr und ich!
1055 Sigurd: [*versucht die Aufmerksamkeit der anderen zu bekommen*] Wie soll man denn mit einem Drachen verhandeln? Wie ihn in die Schranken weisen?
Dunkelfaust: Wir schaffen das! Wir schaffen das! Wir schaffen das!
Bauer, Fischer und Schuppenschleifer: [*stimmen laut ein*] Wir schaf-
1060 fen das! Wir schaffen das! Wir schaffen das!
Dunkelfaust: Dann lasst es uns schaffen! Wir erwarten mehr Schuppen von seiner Häutung! Geht morgen alle raus und sammelt! [*zum Bauer und Fischer*] Unterstützt ihr den Schuppenschleifer dann in der Manufaktur? Wir werden viel zu tun
1065 haben!
Bauer und Fischer [*gemeinsam*]: Auf jeden Fall!
Bauer: Wir folgen euch gern!
Sigurd: [*zu Aria*] Was passiert hier gerade? Wie können sie glauben, dass das die Antwort sein könnte! Es ist Wahnsinn, es ist Un-
1070 sinn! Wie kann das denn die Lösung sein? [*laut, versucht noch einmal, zu den Bürgern durchzudringen*] Hört mir zu! Er belügt euch, er betrügt euch!

Fischer: [*tritt drohend auf ihn zu*] Schluss jetzt! Wir haben genug von
        deinem Quatsch! Verschwinde, du Verräter, oder…

1075   Sigurd: Oder? Was passiert sonst?

Aria: [*zieht Sigurd zurück und besänftigend*] Nicht! Das hier ist nicht
        der Augenblick und es ist nicht der Weg! Lass uns gehen!

Aria und Sigurd ab.

Dunkelfaust: Danke! Danke, dass ihr euch für die Insel entschieden

1080   habt! Danke, dass ihr mit mir für die Zukunft kämpft. Danke,
        dass ihr mich euch helfen lasst, dass ich euch reich machen
        darf! Ich bin so froh, dass wir zusammengefunden haben! Zu-
        sammen werden wir die Probleme besiegen! Eure Interessen
        und meine sind unsere gemeinsamen! Ihr habt mir die Augen

1085   geöffnet, das sehe ich nun ein! Dafür muss ich euch danken!
        Denkt dann, den dreifachen Preis zahle ich! Denkt auch an
        das rauschende Fest!

Dunkelfaust umarmt die anderen drei noch einmal.

Fischer: Wir haben euch zu danken!

1090   Bauer: Bitte verzeiht uns!

Schuppenschleifer: Wir wissen eure Gunst zu schätzen!

Dunkelfaust: Und ich eure Unterstützung! Nun geht! Ihr habt viel
        zu tun, ich habe es auch! Ich bin froh, dass wir die Sache aus
        der Welt geschafft haben!

1095   *Der Bauer, der Fischer und der Schuppenschleifer unterwürfig nickend*
ab.

3.2

Sigurd und Aria vor dem Palast.

Sigurd: Aus einem Aufruhr wird diese absurde Kuschelei? Nie
      habe ich wen so schnell umfallen sehen! Ein paar Taschen-
1100   spielertricks und schon sind sie bereit, den ganzen Unsinn zu
      glauben? Mir wird von der Doppelzüngigkeit schwindlig.
      Wie kann man so empfänglich sein für solch süße Gifte? Der
      Alte mag gebrechlich sein, aber er schlägt noch so manche
      Volte[28] und führt die Ochsen an der Nase herum! Es wird
1105   schwieriger als gedacht!
Aria: Ich verstehe es auch nicht. Das sind nicht die Bürger, die ich
      kenne.
Sigurd: Was macht sie so blind für die Wahrheit?
Aria: Vielleicht sind die Probleme einfach überwältigend?
1110 Sigurd: Und deswegen glauben sie den größten Unsinn? Wind-
      mühlen? Diese ganze Verbrüderung! Und du bist mittendrin?
Aria: [*überrascht und verärgert*] Ich mittendrin?
Sigurd: Das dumme Fest für uns, was du da planst? Mit dem er die
      Bürger noch besoffener macht, als sie jetzt schon sind! Du
1115   hilfst ihm noch? Du wolltest ihn auf deine Seite ziehen, und
      nun steckst du in seiner Tasche!
Aria: Er hat auch mich getäuscht! Das war nicht in meinem Sinne!
Sigurd: Du wolltest mit ihm reden!
Aria: Er hört nicht auf mich! Er hat es mir versprochen! Aber
1120   scheinbar nur bei der Wahl des Kuchens für sein tumbes Fest.
Sigurd: Dein besonnenes Reden scheint nicht viel zu fruchten.
      Deine klugen Worte haben nicht viel erreicht!

---

[28] **Eine Volte schlagen**: (veraltete Redewendung); ein Trick beim Karten-
      spielen, mit dem man Spielkarten manipuliert. Hier auch Wortspiel
      mit Voltigieren: ein Pferd im Kreis herumführen.

Aria: Es ist halt ein mühsames Werk! Aber wie sonst? Anders geht es nicht.

1125 Sigurd: Natürlich geht es anders! Die Lösung ist ganz einfach. Es gibt sogar zwei! Entweder muss der Drache weg oder sein Herr.

Aria: [*entsetzt*] Sein Herr weg? Bist du wahnsinnig? Was heißt weg? Nein, sag's nicht! Sprich es nicht aus! So radikales Zeugs will
1130 ich nicht hören!

Sigurd: Radikal? Ist es radikal, Unrecht zu beseitigen? Ist es radikal, eine Zukunft zu wollen? Ist es radikal, leben zu wollen? Du nennst mich radikal? Du hast noch nicht verstanden, wie sehr er uns bedroht! Du weißt nicht mal, wie reich und privi-
1135 legiert du bist! Für dich sind das kleine Scharmützel. Für uns geht's ums Überleben!

Aria: Jetzt wirst du gemein und unfair! Dies ist eine kleine Insel und eine große! Sie ist zu klein, dass wir uns aus dem Weg gehen könnten, aber groß genug für uns alle! Wir müssen es ge-
1140 meinsam schaffen! Wir alle leben hier.

Sigurd: Sie ist zu klein, um vor dem Drachen zu fliehen! Sie ist zu groß, um sie aufzugeben! So ist sie! Ihr Reiche könnt das nicht verstehen! Ihr besteigt ein Schiff und sucht euch ein neues Zuhause. So groß ist euer Reichtum. Wir sind zu klein dazu! Wir
1145 sind ein kleiner Happen für den großen Hunger eures Drachens!

Aria: Wir und ihr? Wir sollten wir beide sein! Auch ich bin wir! Ich bin nicht ihr! Ich bin eine von euch!

Sigurd: So spricht auch dein Großvater!

1150 *Aria greift seine Hand und zieht Sigurd zu sich.*

Aria: Sigurd, bitte! Komm zu Sinnen! Dein Hass benebelt deine Seine! Wir beide, wir sind keine Feinde! Wir sind die besten Freunde. Du bist mir sogar mehr als… [*unterbricht sich*]

	Niemanden mag ich mehr als dich! Aber was du vorhast,
1155	kann nicht gelingen. Versprich mir, dass du meinem Großva-
	ter kein Haar krümmst.

Sigurd: [*besinnt sich wieder*] Es war nicht so gemeint!

Aria: Aber du hast es gesagt! Von Worten zu Taten ist es kein wei-
ter Weg! Versprich es mir!

1160 Sigurd: [*verärgert*] Dass du das überhaupt glauben könntest! Du
müsstest mich doch besser kennen!

Aria: Im Ernst, ich weiß nicht mehr, was ich glauben soll. Das alles
hier führt alle zu solch wilden Gedanken!

Sigurd: Wenn du es nicht in deinem Herzen weißt, dann hilft dir

1165 keine Antwort, die ich dir geben könnte!

Sigurd wütend ab.

Aria: Das ist nicht gut! Was passiert hier? Die Wut vergiftet uns
alle! Vor allem, dass er mir so etwas vorwirft, das trifft mein
Herz. Von Sigurd hatte ich immer gedacht, dass er mich ver-

1170 steht. Und wo ist eigentlich Gudrun hin? Schon wieder ist sie
einfach so verschwunden! Ich mache mir Sorgen um sie!

Vorhang.

3.3

Dunkelfaust und Kupferstift im Palast.

1175	Dunkelfaust: Rechne aus, was mich mein übermäßig großzügiges Zugeständnis kosten wird! Vielleicht war der dreifache Preis ein wenig übertrieben. Mit dem doppelten hätte ich sie auch bekommen. Aber ich konnte einfach nicht widerstehen!

Dunkelfaust: Rechne aus, was mich mein übermäßig großzügiges
1175 Zugeständnis kosten wird! Vielleicht war der dreifache Preis
      ein wenig übertrieben. Mit dem doppelten hätte ich sie auch
      bekommen. Aber ich konnte einfach nicht widerstehen!
Kupferstift: Viel wird es nicht sein, was Sie das kostet!
Dunkelfaust: Glücklicherweise bezahle ich ihnen so wenig, dass
1180 das Dreifache von wenig, wenig bleibt. Es macht sie glücklich
      und mich nicht ärmer, das verbuche ich als einen Gewinn für
      uns alle!
Kupferstift: Ein kluger Schachzug. Wie Sie die Stimmung gedreht
      haben!
1185 Dunkelfaust: Die Leutchen sind einfach zu durchschauen und noch
      einfacher zu führen. Sie glauben, dass ihr kleines Leben sie zu
      einer eigenen Meinung ermächtigt. Wer nichts schafft, soll
      auch nichts meinen! Sie überschauen einfach das große Ganze
      nicht. Man muss es ihnen erklären, und das tue ich.
1190 Kupferstift: Besser als jeder andere.
Dunkelfaust: Doch eines macht mir Sorgen: Der Sigurd. Die Jugend
      ist zu stürmisch. Das Althergebrachte bedeutet ihr zu wenig.
      Sie sieht nicht, wie viel Mühe darin bestand, die Dinge zu for-
      men. Veränderung bedeutet Verlust des Bewährten. Das ist
1195 die Wahrheit. Die Jugend ist zu jung, um das zu verstehen.
      Sie hat nie etwas geschafft, erhebt aber Ansprüche, als hätte
      sie ein Recht an der Zukunft. Sie türmt nur eines auf: Ansprü-
      che und Forderungen. Die aber bis in den Himmel!
Kupferstift: Es sind halt Kinder.
1200 Dunkelfaust: Aber ihre Ansprüche, die kennen sie! Gott weiß, die
      kennt Sigurd gut!

Kupferstift: Der Junge hat einfach einen Stich.

Dunkelfaust: Aber mit einem Stich durchbohrt man das Herz eines
Drachens! Er hat Ideen und Ambitionen. Solche Gestalten
1205 sind gefährlich. Wir können ihn nicht gewähren lassen! Auf
den müssen wir ein Auge haben!

Vorhang.

3.4

Gudrun in der Nacht. Sie beleuchtet mit einer kleinen Lampe ihr Gesicht
in der Dunkelheit der Bühne. Sie trägt einen Rucksack und schleicht
1210 *durch die unheimliche Aschelandschaft. Im Hintergrund ist trotz der*
Dunkelheit noch eine komplett schwarze Fläche zu erkennen. Wie der Ein-
gang einer Höhle. Ganz leises, unrhythmisches Trommeln, wie ein sehr
langsamer Herzschlag.

Gudrun: Die Nacht und ich, wir sind zwei schöne Schwestern! Weil
1215 du mir gehörst wie ich dir! Die Nacht und ich! So lieblich und
friedlich! Fast romantisch, wir beide! Selbst die Verkrüppe-
lungen des Drachens kaschierst du, als würden wir durch ei-
nen lauschigen Wald flanieren[29]!

Sie erstarrt, als sie ein Geräusch hört.

1220 Gudrun: [*flüstert*] Was ist das? Der verkohlte Kadaver meiner Hei-
mat spielt mit meinen Sinnen! Es ist so unheimlich, wie es in
meinen Gedanken kriecht würmergleich.

---

[29] **Flanieren**: Spazieren

Sie schüttelt sich vor Furcht, unterdrückt ein Husten und hält sich ein Tuch vor das Gesicht. Dann stochert sie in der Dunkelheit.

1225 Gudrun: Dieser Gestank! Ich bin nah an seiner Höhle! Ich spüre ihn förmlich, sein Herzschlag geht mir durch Mark und Bein. Auf jeden Fall rieche ich seinen fauligen Gestank! Was ist das?

Sie stochert im Staub und findet nach einer Weile etwas.

Gudrun: Ich habe eine! Was für ein Exemplar! Und hier liegt noch
1230 eine… und noch eine! Was für ein Schatz! Mehr als ich erwarten konnte! Ich bin reich! Meine Güte, bin ich reich! Ich habe es geschafft! Geschafft!

Sie hebt eine von den Drachenschuppen nach der anderen auf. Gudrun steckt sie in ihren Rucksack, bis der voll ist, dann nimmt sie sie in die
1235 *Hand, stapelt sie auf den Unterarmen. Es sind fast mehr, als sie tragen kann.*

Gudrun: Eine noch… und noch eine… eine einzige noch… noch eine, und ich hab genug!

Ein dumpfes, langsames Trommeln, jetzt lauter, schneller und rhyth-
1240 *misch.*

Gudrun erschrickt.

Gudrun: Was war das? Ganz deutlich! Aber nein, da ist nichts! Meine Sinne spielen mit mir! Da schnauft nicht der Drache. Meine Angst plustert sich auf! Meine unbegründete Angst.
1245 Meine sinnlose…

Ein weiteres Geräusch. Im Hintergrund aus der Höhle ein oranges Leuchten wie zwei dämonische Augen.

Gudrun: Was ist das? Schlaf schön, kleiner Drache! Träum von deiner Gier! Träum so richtig schön davon, wie du alles frisst!

1250 *Der Drache grunzt, und das Orange im Hintergrund wird heller, als würde der Schein des Feuerspeiens die Bühne erhellen. Gudrun wirft sich auf den Boden, um sich zu verbergen, dabei entgleiten ihr die Schuppen, die scheppernd und laut auf den Boden fallen. Sie kauert dort, während der Drache laut brüllt.*

1255 Gudrun: Ganz ruhig, ruhig, ruhig! Schlaf wieder ein! Oh, schlaf doch! Schlaf und träum doch!

Der Drache brüllt laut und erhebt sich. Das Trommeln des Herzschlags wird schneller und lauter.

Gudrun: Ich muss weg! Weg! Nur weg!

1260 *Sie steht auf, läuft von der Bühne, das Grollen nimmt zu, wird unerträglich.*

Gudrun kommt zurück, will die Drachenschuppen nicht liegenlassen. Sie stapelt sie auf ihren Armen, lässt einige fallen, hebt sie wieder auf.

Gudrun: So einfach mach ich es dir nicht! Das ist mein Schatz! Den
1265 überlass ich dir nicht!

Das Geräusch wird unerträglich laut.

Sie läuft mit den Schuppen langsam von der Bühne, eine entgleitet ihr und fällt, sie hebt diese wieder mühsam auf.

In diesem Moment wird die Bühne hell erleuchtet, als würde der Drache
1270 *Feuer speien.*

Ein Schrei.

Gudrun fällt und bleibt liegen.

Dann Stille.

Die Bühne wird dunkel und das rhythmische Trommeln verstummt.

1275 *Stille.*

Stille.

Unangenehm lang Stille.

Vorhang.

3.5

Die verkohlte Landschaft.

1280   *Aria kommt nach einer Weile und schleift sich auf die Bühne.*

Aria: So lange war ich fort und von ihr getrennt. So lange habe ich
mit Freude an sie gedacht. Mit Sehnsucht. Jetzt ist sie wieder
von mir getrennt, und ich denke an sie mit nichts als Schmerz.
Denn es gibt keine Hoffnung. Und es ist alles meine Schuld.

1285   Ich hätte sie zurückhalten müssen. Ich hätte sie stoppen müs-
sen. Ich hätte den Drachen stoppen müssen. Ich hätte… ein je-
des „ich hätte" ein Peitschenhieb. Ich schaue zu, wie meine
Welt gefressen wird und sage nur: Ich hätte… [*Pause*] Wenn
ein Mensch ein metaphorisches Universum ist, wie unfassbar

1290   ist dann der Verlust eines Menschen? Wenn unsere Welt ge-
fressen wird, dann auch die Menschen darin. Der Verlust un-
serer Welt ist also wie das von Universen! Der Himmel stürzt
gerade ein. Wie verwirrend ist das? Wie kann das sein?
[*Pause*] Aber all die Wirrheiten, auch die Schmerzen, können

1295   nicht verdecken, dass es nur eine Wahrheit gibt: Dass alles
meine Schuld ist. Ich hätte es sehen müssen, ich hätte sie ab-
halten müssen! Ich hätte früher zurückkommen müssen. Alles
hängt an mir! Diese Schuld wird nie vergehen. Meine liebe

1300	Gudrun wird nie wieder zurückkehren. Meine Schuld hat ih-
	ren Platz eingenommen und nie mehr von mir weichen. Ich
	sollte zum Drachen und ihn bitten, auch mich zu nehmen.
	Dass mein verkohlter Leib im aschenen Grab neben ihr ruhen
	kann. Nur Drachenfeuer kann diese Bürde tilgen. Aber was
	rede ich? Was denke ich? Nichts macht mehr Sinn. Als wären
1305	mit ihr alle Worte getötet. Ein Stammeln. Besser nichts mehr
	sagen!

Aria setzt sich auf die Bühne und schweigt lange.

Dann steht sie langsam auf.

Aria: Aber Schweigen hilft auch nicht. Das Warten auf den Tod
1310 auch nicht. Es muss weitergehen. Aber wohin? Was kann ich
tun? Ich bin gescheitert, bevor ich auch nur beginnen konnte.
Eine Versagerin. Aber eine, deren Herz noch nicht versagt
hat. Es schlägt einfach weiter. Es treibt mich an, egal, wie sehr
ich mich sträube. Was kann ich tun? Es muss weitergehen. Ich
1315 muss einfach weitergehen. Aber wohin?

Aria mühsam ab.

Vorhang.

3.6

Die Taverne. Der Fischer, der Bauer, der Schuppenschleifer. Sie sitzen
1320 *still um einen Tisch und trinken Bier. An einem anderen Tisch allein*
Kupferstift. Auftritt Sigurd mit gesenktem Blick. Der Fischer, der Bauer
und der Schuppenschleifer stehen auf und umarmen ihn stumm.

Fischer: Beileid!
Sigurd: Danke.
1325 Bauer: Wenn wir was tun können…

Nachdem ihn die drei umarmt haben, wendet Sigurd sich Kupferstift zu,
der etwas abseits steht und wartet.

Kupferstift: Ich weiß, dass ich nicht derjenige bin, den du jetzt se-
hen willst, weil du mich mit verantwortlich machst. Ich weiß
1330 auch, dass es kein Wort gibt, das dich umstimmen könnte.
Kein Wort aus meinem Mund kann deine Trauer in diesem
Moment mindern. Ich könnte sagen, ich habe auch schon
Menschen verloren und weiß, wie du dich fühlst. Aber ich
weiß, dass es dir nicht helfen würde. Wisse aber, dass ich mit
1335 dir leide und dass ich nicht dein Feind bin. Wisse, dass auch
Dunkelfaust die Trauer teilt. Nicht deine Trauer, denn diese
muss für uns unergründlich tief sein, aber er trauert wie wir
alle. Bei allen Unterschieden zwischen uns, wisse, dass dieser
sinnlose Verlust deiner Schwester uns alle eint.

1340 *Sigurd nickt nur stumm, gibt ihm die Hand und wendet sich dann ab.*

Kupferstift: [*beiseite*] In Momenten der Verzweiflung kommt der
Mensch zu zweifelhaften Gedanken. Ich verweile besser noch
ein wenig und lausche!

Kupferstift nickt, verneigt sich und geht, bleibt aber auf der Bühne, wo er
1345 *dem Gespräch still zuhört.*

Der Fischer, der Bauer, der Schuppenschleifer und Sigurd setzen sich.
Der Fischer gießt ihm ein Bier ein, der Bauer holt eine Flasche Schnaps
hervor, und sie trinken wortlos.

Sigurd: Es kann nicht so weitergehen.

1350   Schuppenschleifer: Ja, die Dinge haben sich geändert. Wir haben
       alle Kinder. Dein Verlust, der ändert alles. Das erste Mal ein
       Mensch.

Bauer: Wenn ich daran denke, dass meine Tochter…

Fischer: Oder mein Sohn…

1355   Schuppenschleifer: Meine Frau… wir müssen was tun!

Fischer: Aber was?

Bauer:

Sigurd: [*bitter*] Endlich wacht ihr auf! Endlich, endlich! Wir können
       ihn loswerden. Das wisst ihr.

1360   Bauer: Du willst immer noch einen Drachen töten?

Sigurd: Wir brauchen viele Männer und auch Frauen. Es wird
       schwer, es wird gefährlich, aber wir können ihn loswerden!

Er zieht ein kleines Notizbuch heraus und zeigt Zeichnungen. Die drei
beugen sich darüber.

1365   Sigurd: Einige locken ihn aus seiner Höhle, andere lenken ihn ab,
       wir locken ihn quasi in eine Falle und dann erledigen wir ihn!
       Wir gehen alle auf ihn drauf! Fesseln ihn mit Tauen, dann ste-
       chen wir ihn ab! Mit Speeren, Harpunen, mit allem, was wir
       haben!

1370   Schuppenschleifer: Pure Gewalt?

Sigurd: Brutale, pure, ungebändigte Gewalt!

Schuppenschleifer: Hmm, weiß nicht. Aber vielleicht… könnte es
       gelingen.

Fischer: Einfach alle drauf und dann totschlagen!

1375   Bauer: Riskant. Aber, nicht unmöglich.

Schuppenschleifer: Es wird Tote geben. Das muss klar sein! Nicht alle werden das überstehen!

1380 Sigurd: Es gab Tote! Wir trinken auf eine, und es wird noch mehr geben. Meine Schwester war das erste Opfer, sie wird nicht das letzte bleiben. Wir können ihn jetzt noch stoppen. Aber bald schon vielleicht nicht mehr. Mit jeder Häutung wird er mächtiger. Wenn wir es gut machen, dann gibt es vielleicht keine!

1385 Schuppenschleifer: Du sagst vielleicht. Vielleicht verschwindet er auch von selbst. Vielleicht sollten wir besser warten. Vielleicht frisst er sich zu Tode. Das Einzige, was nicht vielleicht ist, ist die Sicherheit, dass wir unser Leben riskieren, wenn wir kämpfen. Der Tod ist einigen von uns sicher, wenn wir es versuchen! In dem Satz ist kein Vielleicht.

1390 *Der Bauer und der Fischer nicken.*

Sigurd: Ich hatte eine Schwester, die habe ich über alles geliebt. Ich habe es ihr nicht gesagt, nicht oft genug, …dass ich sie liebe. Ich wusste auch, was sie vorhat, habe sie nicht zurückgehalten. Sogar dabei unterstützt habe ich sie. Ihr Drei habt alle

1395 Töchter. Welche wird die nächste sein, wenn ihr nichts tut? Ich wünsche niemandem die Last, die nun auf mir liegt. Und sie wird nur größer, denn wer ist der nächste?

Fischer: Wir haben nicht nur Töchter. Wir haben auch Söhne. Wie viele von denen werden wir opfern?

1400 Sigurd: Keiner wird geopfert! Wir sind keine Monster. Wollt ihr euch einfach eurem Schicksal ergeben und warten, bis er es sich holt oder wollt ihr selbst handeln?

Schuppenschleifer: Dann soll Dunkelfaust was tun! Es ist sein Problem, und er hat es geschaffen!

1405 Sigurd: Der wird nichts tun! Der Drache ist ihm mehr wert als wir alle. Wir sind ersetzbar. Der Drache ist das Einzige, was ihn mächtig macht. Dunkelfaust und der Drache. Sie sind eins. Töten wir den Drachen, vernichten wir seine Macht über uns! Dann gehört die Insel wieder uns.

1410 Schuppenschleifer: Das Drachenfeuer macht auch vor ihm keinen Halt.

Sigurd: Täusch dich da nicht. Er lebt schon jetzt nicht in einem Palast, einem Fort, einer Bastion! Unser Leid kümmert ihn nicht. Er wird höchstens mildes Mitleid empfinden. Wir Armen sind

1415 die Leidenden. Er baut sich einen Wall aus Gold! Wir haben nichts als unsere nackte, geschundene Haut.

Fischer: Vielleicht sollten wir ihn dem Drachen zum Fraß vorwerfen!

Sigurd: Das dachte ich auch mal. Aber was ist damit gewonnen? Er

1420 ist das Opfer seiner Gier wie wir unserer Ausreden. Es wird nichts lösen. Wir müssen selbst ran.

Bauer: Warum soll ich mich oder meine Leute in solch eine Gefahr bringen? Selbst wenn der Drache erschlagen wird, was nützt es mir, wenn ich es auch werde?

1425 Schuppenschleifer: Einfach zu gefährlich.

Sigurd: [*schüttelt den Kopf, wendet sich dann zu den anderen*] Was ist mit euch?

Fischer: Der Bauer hat's einfach erfasst!

Sigurd: [*zum Schuppenschleifer*] Und du?

1430 Schuppenschleifer: Ich wäre ja bereit, aber ich halte meinen Hals doch nicht für die anderen hin!

Bauer: Wir sind einfach keine Helden!

Sigurd: Ich bin auch keiner. Wir brauchen keine Helden, wir brauchen nur Entschlossenheit! Aber hier finde ich nur windelweiche Schwächlinge! Meine Schwester ist dem Tod entgegenge-

1435 gangen. Ihr wartet einfach, bis er euch holt!

Kupferstift: [*beiseite*] Er scheint kein Glück zu haben. Aber ein Extremist ist er doch! Ich berichte besser schnell! Das waidwunde Biest ist das gefährlichste! Wer weiß, zu was er fähig ist.

1440 *Kupferstift ab.*

Fischer: Trink noch einen mit uns! Dein Schmerz ist nüchtern nicht zu ertragen!
Sigurd: Ich bin klar und nüchtern, doch ihr besauft euch in eure Trägheit. Wenn wir zusammen nichts erreichen, werde ich es
1445 halt selbst machen!

Sigurd ab.

3.7

Die Vorigen in der Taverne.

Bauer: Der Bursche ist mir aber so ein richtiger Drachentöter!
Fischer: Ein Depp ist das!
1450 Bauer: Den dürfen wir nicht unterschätzen! Der ist gefährlich. Was der alles will!
Schuppenschleifer: Wir wollen eine kluge Lösung, der will die Revolution!
Fischer: Wir haben den letzten Angriff vom Drachen überlebt,
1455 dann werden wir auch den nächsten überstehen!
Bauer: Wir riskieren unser Leben doch nicht für so einen Hitzkopf!
Schuppenschleifer: Wenn der wüsste, wie kostbar ist, was er einfach so zerstören will! Natürlich sind wir unzufrieden, aber man kann doch nicht das Kind mit dem Bade ausschütten!

1460	Dunkelfaust hat bewiesen, dass man mit ihm reden kann! Wir müssen ihm vertrauen! Wenn der Drache weg ist, dann ist alles weg! Wir müssen das eine behalten und das andere nicht verlieren! Das ist die Lösung! Radikalen Terror können wir nicht brauchen!
1465	Fischer: Weg mit dem Quatsch! Den brauchen wir nicht!
	Schuppenschleifer: Habt ihr den Kupferstift gesehen?
	Fischer: Was ist mit dem?
	Bauer: Er hat aufmerksam gelauscht!
	Schuppenschleifer: …wie wir mit ihm geredet haben.
1470	Bauer: Meinst du, er glaubt, wir planen was gegen Dunkelfaust? Als würden wir uns verschwören?
	Fischer: Was man nicht weiß, weiß man nicht!
	Schuppenschleifer: Wir sollten es nicht so aussehen lassen!
	Bauer: Wir werden mit ihm reden! Und das sofort, bevor der Kup-
1475	ferstift ihm morgen davon erzählt!
	Fischer: Guter Plan! Aber erst noch einen für den Weg!

Der Fischer schenkt den anderen ein, sie stoßen an und trinken.

Vorhang.

4. Akt

4.1

Dunkelfaust in seiner Bibliothek vor seiner Tafel mit der Skizze. Auftritt Kupferstift eilig.

Kupferstift: Herr, darf ich Sie stören?

Dunkelfaust ignoriert ihn für eine Weile und arbeitet an seiner Zeichnung.

Dunkelfaust: Ich komme der Lösung näher! Wenn ich es noch
1485   schaffe, den Duft zu vergleichen, der den Schwefeldunst
übertüncht. Ich bin ganz nah an der Lösung!

Dunkelfaust lässt Kupferstift eine Weile stehen.

Dunkelfaust: Was gibt es?
Kupferstift: Ich habe ein Gespräch in der Taverne überhört. Zwi-
1490   schen den Bürgern und dem jungen Sigurd.
Dunkelfaust: Und?
Kupferstift: Der Junge versucht, sie weiter gegen dich aufzumi-
schen.
Dunkelfaust: Und, gelingt es ihm trotz meiner großzügigen Ge-
1495   schenke?
Kupferstift: Der Tod seiner Schwester berührt alle.

67

Dunkelfaust: Ihr Schicksal kommt uns nicht gerade gelegen. Ich werde noch einmal mit ihnen reden und sie auf den richtigen Weg bringen.

1500 Kupferstift: Es trifft sie einfach, was passiert ist.

Dunkelfaust: Schon gut, schon gut! Sie sind nicht schwer zu überzeugen. Einfache Gemüter halt. Als ihren Feind werde ich ihn darstellen! Als Terroristen, der ihre Interessen verrät. Ich werde mich auf ihre Seite stellen, auch wenn uns nichts mehr
1505 unterscheiden dürfte! Aber das wird bei den guten Bürgern wirken. Mehr als alles haben sie Angst vor dem Fremden und der Ungewissheit! Ich stelle ihn einfach als den Gegner ihrer Interessen dar, als den wahren Sündenbock, vor dem ich, einer von ihnen, sie schütze. Meine Lösungen werden einfach
1510 und emotional sein, seine wirr und radikal. Damit gehen sie mir auf den Leim!

Kupferstift: Ich glaube, ich höre sie unten.

Dunkelfaust: Lass sie rein und lerne! Das wird ein Spaß!

Es klopft.

1515 *Kupferstift öffnet die Tür.*

4.2

Schuppenschleifer, der Fischer, der Bauer und die Vorigen in der Bibliothek des Palastes.

Schuppenschleifer: Verzeiht, dass wir so spät noch stören, aber wir müssen etwas melden!

1520	Dunkelfaust: Melden? Was ist passiert?
	Schuppenschleifer: [*schaut nervös zu Kupferstift*] Wir waren in der Taverne. Der Fischer, der Bauer und ich. Und da kam Sigurd, dieser Hitzkopf, voller Wut mit Schaum vorm Mund! Er versuchte uns aufzurühren gegen euch! Versuchte, gegen euch
1525	aufzustacheln!
	Dunkelfaust: Was höre ich da?
	Schuppenschleifer: Er hat einen Plan, den Drachen zu meucheln!
	Dunkelfaust: So, so!
	Schuppenschleifer: Natürlich haben wir ihn gestoppt! Natürlich ha-
1530	ben wir ihm die Flausen ausgetrieben!
	Fischer: Natürlich! Und zwar ratzfatz! Wir machen da nicht mit!
	Bauer: Wir würden euch nie in den Rücken fallen! Das müsst ihr uns glauben!
	Fischer: Auf keinen Fall! Nie!
1535	Schuppenschleifer: Wir sind loyal. Wir haben vielleicht etwas über die Stränge geschlagen, als wir protestiert haben. Aber nie hatten wir den Hochverrat im Sinn! Das müsst Ihr uns glauben!
	Dunkelfaust: Ich weiß nicht, was ich davon halten soll. Aber ihr
1540	solltet eure Interessen nicht vergessen und euch fragen, ob dieser wirre Jungspund sie im Sinne hat. Warum sät ihr so den Zweifel in mir? Bin ich nicht einer von euch? Hab ich je an euch gezweifelt? Warum zweifelt ihr dann an mir?
	Bauer: Um Gottes Willen! Nichts liegt uns ferner!
1545	Fischer: Wir zweifeln doch nicht! Wir doch nicht!
	Dunkelfaust: Wie kann ich da sicher sein? Er bedroht unseren Wohlstand. Bedroht ihr ihn auch? Ihr solltet euch immer bewusst sein: Der Drache gehört zu uns. Er ist noch nicht lange da, aber er ist schon ein Teil unserer Insel, ein Teil von uns!
1550	Ich mag ihn hergebracht haben, aber wir alle haben ihn großgezogen! Beim Sigurd, da bin ich mir nicht so sicher, was der

im Schilde führt. Ich glaube nicht, dass der auf unserer Seite
steht. Ihr solltet immer vorsichtig sein, was ihr aufs Spiel
setzt! Stellt euch vor, wie es ohne unseren Wohlstand wäre!

1555 Glaubt ihr wirklich, dass die kleinen Kinder mit ihren dum-
men Ideen dafür Lösungen haben? Wollt ihr euer Schicksal in
solche Träumerhände legen? Meine alten, schwieligen Hände
sind nicht schön, aber sie haben Tausend Kalamitäten[30] aus
dem Weg geräumt. So wie eure! Zeigt her!

1560 *Dunkelfaust tritt zu den Bürgern, lässt sie die Handflächen zeigen und
hält seine daneben.*

Dunkelfaust: Seht ihr einen Unterschied?

Alle drei schütteln den Kopf.

Dunkelfaust: Da seht ihrs. Glaubst du, dass seine Hände so schwie-
1565 lig und erfahren sind? Wir sind eins! Vier Hände bilden ein
Kreuz! Eine heilige Einheit! Wo ist die des Verräters? Sie
schmiedet hinter unserem Rücken hinterhältige Gemeinhei-
ten!
Bauer: Natürlich!
1570 Dunkelfaust: Niemand weiß, was ihn treibt. Aber es kann nichts
Gutes sein! Er will das Kind mit dem Bade ausschütten, meint
ihr, dass das klug ist?
Schuppenschleifer: Natürlich nicht. Aber der Drache…
Dunkelfaust: Sprich nicht weiter! Ich weiß, was du sagen willst:
1575 Wir müssen ihm Einhalt gebieten!
Schuppenschleifer: Ja.
Dunkelfaust: Und ich bin schon dabei. Seht's euch an: [*zeigt auf die
Tafel*] Das hier wird all unsere Probleme lösen!

---

[30] **Kalamität:** (veraltet) schlimme, missliche Lage

Schuppenschleifer, Bauer und Fischer schauen fasziniert auf die Tafel.

1580 Bauer: Was ist das?

Dunkelfaust: Ich kann's noch nicht erklären, aber glaubt mir, dass das alles ändern wird!

Fischer: Ich ahne es schon!

Dunkelfaust: Ihr seht, ich arbeite unermüdlich für euch!

1585 Schuppenschleifer: Daran haben wir keinen Zweifel!

Fischer: Gar keinen!

Dunkelfaust: Da seht ihrs! Versprecht mir aber eins, wenn ihr den Sigurd seht!

Bauer: Was denn?

1590 Dunkelfaust: Ich möchte, dass ihr angemessen handelt! Ich wiederhole es: Ihr sollt, was diesen Zwielichtigen angeht, angemessen handeln! Ihr wisst nun, wie die Sache liegt. Ihr seht, wer auf eurer Seite steht, und ihr wisst, wo der lungert. Haltet das immer im Hinterkopf und entscheidet dann weise!

1595 Schuppenschleifer: Natürlich, natürlich, mein Herr!

Fischer: Auf jeden Fall! Wir werden angemessen handeln!

Dunkelfaust: Dann geht und handelt! Aber handelt… [*schaut sie erwartungsvoll an*].

Bauer: …angemessen?

1600 Dunkelfaust: So ist es!

Schuppenschleifer: Vielen Dank für Euer Verständnis! Wir werden Euch nicht enttäuschen!

Bauer: Da könnt Ihr euch sicher sein!

Fischer: Auf keinen Fall!

1605 Bauer: Danke, danke, danke!

Der Bauer, der Fischer und der Schuppenschleifer ab.

Dunkelfaust: Da gehen sie hin!

Kupferstift: Darf ich fragen, was Sie damit meinen? Angemessen?

Dunkelfaust: [*lächelt*] Ich weiß es nicht. Sie werden das selbst ent-
1610   scheiden müssen. Aber wie sie es drehen und wenden, es
bleibt ihre Angelegenheit, was daraus wird. Ich wasche meine
Hände rein. Aber vielleicht lösen sie das Problem ja ein und
für alle Male, und wir haben bald wieder unseren Frieden!

Vorhang.

4.3

1615   *Schuppenschleifer, Bauer und Fischer auf der Straße bei Nacht.*

Bauer: Was meint er damit? Angemessen?
Schuppenschleifer: Ich glaube, er will, dass wir klug in seinem
    Sinne handeln.
Bauer: Aber wie?
1620   Fischer: Ist doch ganz klar. Was eiert ihr hier rum? Der muss weg!
    Ganz einfach! Der kleine Spinner muss weg!
Bauer: Was heißt denn weg?
Fischer: Na weg! Kennen wir nicht, brauchen wir nicht, weg damit!
Schuppenschleifer: Was heißt denn weg genau?
1625   Fischer: Na weg!
Schuppenschleifer: Nichts ist klar! Ich will nicht, dass wir irgend-
    was tun, das wir später bereuen! Was hat Dunkelfaust ge-
    meint?
Fischer: Der muss einfach weg! Der will an unseren Drachen!
1630   Schuppenschleifer: Lass uns nichts überstürzen! Er ist immer noch
    einer von uns.

Fischer: Du hast es doch gehört, der ist nicht einer von uns! Das ist
    unser Feind!
Bauer: Ich weiß nicht.
1635   Schuppenschleifer: Ich auch nicht. Wir sollten nichts überstürzen.
Fischer: Ihr Feiglinge!

4.4

Die Vorigen auf der Straße bei Nacht. Aria.

Aria: Guten Abend, liebe Herren! Habt ihr Sigurd gesehen?
Fischer: Den suchen wir auch!
1640   Aria: Warum?
Schuppenschleifer: [*beschwichtigt*] Nein, nein. Wir suchen ihn nicht.
    Wir haben ihn auch nicht gesehen. Vielleicht ist er am Strand
    beim Seemann? Ich glaub, ich hab ihn in die Richtung gehen
    sehen!
1645   Fischer: Unsinn!
Bauer: [*bringt ihn zum Schweigen*] Ruhig jetzt!
Schuppenschleifer: Du musst ihm verzeihen. Er hat ein bisschen zu
    tief ins Glas geschaut.
Aria: Heute war ein grausiger Tag für uns alle!
1650   Bauer: Es war einfach zu viel für sein gutes Gemüt.
Fischer: Lasst mich, ich bin ganz klar im Kopf!
Aria: Darüber wollte ich mit euch auch noch sprechen. Es kann so
    nicht weitergehen! Ich möchte euch ein Angebot machen!
Schuppenschleifer: Was denn für ein Angebot?

1655	Aria: Seht ihr, bald wird Dunkelfaust die Geschäfte in meine Hand legen. Gott weiß, dass er sich den Ruhestand verdient hat. Aber dann müssen wir uns mit seinem Erbe beschäftigen. Mit dem Drachen. Er hat Wohlstand über die Insel gebracht. Aber auch Gefahren. Ich möchte gerne eine Idee entwickeln für die
1660	Zeit nach dem Großpapa und dem Drachen.
	Bauer: [*aufhorchend*] Also ohne den Drachen?
	Aria: Es wird vielleicht nicht mit ihm gehen, fürchte ich! Daher möchte ich euch fragen, wie diese Utopie aussehen könnte.
	Fischer: Also ohne den Drachen?
1665	Schuppenschleifer: [*beiseite*] Die jetzt auch? Was bildet sie sich ein? Wie kann sie glauben, dass Dunkelfaust ihr das Zepter in die kindliche Hand gibt? Der wird noch lange nicht abtreten, wie kann man nur so daneben liegen?
	Bauer: Wie soll das gehen?
1670	Aria: Wir werden einen Weg finden! Einen gerechten, einen guten! Wir müssen es nur wagen! Aber wir alle zusammen! Ihr seid arm und lebt in Angst! Ist das eine Zukunft? Wollt ihr wirklich so leben? Was allein heute alles passiert ist! Wenn ihr den Drachen nicht beseitigen wollt, dann lasst uns doch zumin-
1675	dest zusammenarbeiten, dass wir einen Weg finden, wie wir uns vor ihm schützen können.
	Fischer: Ohne unser schönes Importbier, das wir uns jetzt leisten können? Erinnert ihr euch noch an das Gepansche, das wir früher runtergewürgt haben? Bäh!
1680	Aria: Ist das alles, was zählt? Früher seid ihr hinaus aufs Meer, aber wo ist dein Boot? Früher warst du ein stolzer Bauer, aber wo ist dein Land? Wart ihr nicht vor Kurzem noch ebenso besorgt wie ich? Warum jetzt dieser Wandel?
	Bauer: Wir mögen einfach keine Radikalen.
1685	Fischer: Keine Terroristen.
	Aria: Terroristen?

Bauer: Wer unsere Tradition und unsere Kultur angreift, ist ein
Terrorist!

Aria: Das ist Sigurd, er will das gleiche wie ihr! Er ist einer von
1690 euch. Er hat nur euer Wohl im Auge!

Sie entfernt sich von den Männern und spricht zu sich selbst.

Aria: Ich versteh euch einfach nicht! Ich versteh nichts mehr, außer,
dass alles aus dem Lot ist! Wie kann ich so falsch liegen? Mir
fehlt einfach eine Richtung. Aber was soll ich machen? Ich
1695 versage und versage und alles zerfällt um mich. Erst Gudrun,
dann auch noch Sigurd. Wie habe ich mich auf sie gefreut.
Auf Gudruns spritzigen Geist und ihr lebhaftes Wesen! Und
Sigurd… an den habe ich fast noch mehr gedacht. Habe mir
einiges erträumt. Er war immer in meinen Gedanken und in
1700 manch einsamer Nacht habe ich mir uns beide vorgestellt.
Aber wie schön sind die Träume und wie grausam ist das Le-
ben? Wie ist es gekommen? Nun bin ich allein. Großpapa hat
mich hinters Licht geführt. Zu den Menschen komme ich
nicht durch. Jetzt bin ich ganz allein mit nichts und muss er-
1705 kennen, dass ich allein nichts bin. [*Pause*] Und doch muss ich
weiter.

Aria ab.

Vorhang.

4.5

Der Seemann irrt durch die verkohlte Einöde. Das Trommeln des Drachens in der Distanz.

Seemann: Schwarz, schwarz. Die Nacht ist schwärzer. Aber ach, es ist Tag! Es ist Tag und doch nur Dunkelheit. Nicht nur die Erde, nicht nur mein Herz. Alles ist schwarz und schwer zu glauben, dass der Tag die Dunkelheit je wieder vertreiben wird! So viel Leid, so viel Verderben! Wir sind wie Flöhe auf einem verreckenden Köter. Meine greisen Knochen haben mehr Leben in sich als alles um mich herum. Und an all dem Schwarzen habe ich meinen Anteil. Ein tiefes, düsteres Loch.

Er sieht etwas, einige Schritte entfernt, läuft hin und fällt auf den Boden.

Seemann: Was sehe ich da? Einen Keim! Kann man sich das vorstellen? Gestern das Inferno, und heute schon rafft sich die Natur auf. Das Leben kehrt zurück! Sie lässt sich nicht unterkriegen! Ach, ist das die Hoffnung? Widersteht einfach alles dem Drachen?

Er schaut in den Himmel, wo der Drache kreist. Entfernt das Trommeln.

Seemann: [*reckt die Faust und brüllt in den Himmel*] Oh Drache, wie schwach du bist! Du verbreitest Terror und Schrecken! Du magst uns zertreten. Vielleicht bringst du den Tod! Aber das Leben wirst du nicht besiegen! Du wirst nie gewinnen! Deine Gier mag so gnadenlos wie endlos sein, aber das Leben beeindruckt es nicht. Gegen die Geduld der Natur kannst du nur verlieren!

Der Seemann winkt dem Drachen irre lachend zu, als würde er ihn herbeirufen.

1735 Seemann: Egal, wie gierig du bist! Du bist einfach schwach! Gegen diesen kleinen Keim wirst du immer verlieren! Er ist bescheiden, er ist unbesiegbar!

Das Geräusch des Drachens schwillt an.

Seemann: Ja, komm! Nimm auch mich! Ich habe es verdient! Ich
1740 war dein Geburtshelfer! Du bist der Spross meiner Schande! Erteile mir die gerechte Strafe! Aber wisse eins! Meine Taschen sind voller Samen und voll mit Kernen. Verbrenne mich, und meine Asche wird der Dünger für das neue Leben! Aus meinem Staub wird das neue Leben sprießen! Du magst
1745 mich vernichten! Aber du wirst nie gewinnen!

Das Geräusch des Drachens wird unerträglich laut.

Der Seemann fällt auf die Knie und reißt die Arme in die Luft, als würde er erwarten, dass der Drache auf ihn niederstößt und ihn verschlingt.

Doch dann verklingt das Trommeln wieder und der alte Mann kniet allein
1750 *und verloren da.*

Aria.

Aria: Komm, steh auf, alter Mann! Deine Zeit ist noch nicht gekommen!

Aria hilft ihm auf.

1755 Seemann: [*verwirrt*] Danke. Ich hatte es gehofft.
Aria: Damit wäre ja auch nichts gewonnen, du alter Narr. Wir haben für heute genug davon gehabt.
Seemann: Du rettest einen dem Ende Geweihten. Welche Verschwendung.
1760 Aria: Noch bist du es nicht. Mir gelingt so wenig, dass ich über jeden Erfolg froh bin, egal wie klein er sein mag!

Der Seemann nickt mürrisch.

Aria: Komm, ich bringe dich nachhause.

1765 *Die beiden gehen zu seiner windschiefen Hütte. Daneben ist von einer riesigen Plane etwas verdeckt.*

Aria: Alter Mann, versprich mir, dich gut auszuschlafen.
Seemann: Werde ich und wenn der Drache mich nicht holt, dann
      habe ich noch einen anderen Weg.

1770 *Unter einer Plane ist ein großes Gebilde. Er zieht sie weg und enthüllt ein Boot, das aus Müll zusammengezimmert ist.*

Aria: Du hast ein Boot? Ein richtiges Boot! Kann das schwimmen?
Seemann: Sonst wäre es kein Boot.
Aria: Dann können wir damit aufs Meer?
Seemann: [*nickt*] Aber wohin? Es ist aus Unrat. Ein Nussschälchen,
1775   aber ein schwimmendes! Für meine letzte Reise war es gedacht.
Aria: Aber damit kommst du doch im Leben nicht in ferne Länder!
Seemann: Im Leben nicht. Aber für die letzte Reise eines Seefahrers
      soll es reichen! Ein paar Tage wird es halten, das reicht und ist
1780   Ziel genug! Ein Seemann soll wie ein Seemann abtreten.
Aria: Versprich mir, dass du es nicht tust. Meine geliebte Freundin
      hatte das gleiche vor. Versprich mir, tu es nicht! Nicht einfach
      so! Einen weiteren Verlust verkrafte ich nicht!
Seemann: Widerwillig, widerwillig verspreche ich es dir. Aber ich
1785   mache alles bereit!
Aria: Das ist gut, und ich danke dir! Wer weiß, vielleicht bekommst
      du noch Passagiere für deine letzte Fahrt. Sammle Proviant
      und was man so braucht! Ich muss es ein letztes Mal versuchen! Noch will ich mich nicht geschlagen geben!

Aria ab.

Vorhang.

5. Akt

5.1

Sigurd in der verkohlten Landschaft. Das Trommeln des Drachens ganz leise und unrhythmisch vor der dunklen Höhle, vor der Gudrun bereits stand.

Sigurd: Ein Held zu sein, ist schwerer als gedacht. Als Bube habe ich es mir so schön vorgestellt. Den Drachen zu töten und die Hand der Prinzessin zum Dank zu erhalten. Die Prinzessin aber hat sich mir entzogen und niemand würde mir Beifall klatschen. Selbst die nicht, die ich retten will. Wie können sie ihren eigenen Untergang so klar vor sich sehen und trotzdem mich zu ihrem Schurken machen? Was habe ich ihnen getan? Ist Gier wichtiger als das nackte Leben? Aber vielleicht liegt es nicht an ihnen, sondern an mir. Selbst mit der geliebten Aria habe ich es mir verscherzt. Selbst sie habe ich fortgestoßen… Aber der Held ist einsam und allein mit seinem Gegner.

Er hebt etwas vom Boden auf.

Sigurd: Hier haben wir die Überreste meiner Schwester gefunden. Es war nur schwarze Asche übrig von ihr. Du hast sie nicht nur getötet, sondern ausgelöscht. Nicht einmal eine

Beerdigung hast du ihr gegönnt. Aber vielleicht liegt es nicht mal an dir. Neben ihr hat man eine unermessliche Menge an Drachenschuppen gefunden. Mehr als nötig für ihr Ziel. Viel-
1810 leicht hast du sie nicht getötet. Vielleicht war es Selbstmord. Vielleicht hat ihre Gier sie getötet. Die gleiche, die alle hier haben. Du lockst uns nur in das Verderben, das sowieso in uns wächst. In mir auch? Lockst du mich gerade? Mit dem Ruhm, den ich mir so sehr wünsche? Machst du mich betrunken mit
1815 dem Glauben an mein Heldentum? Du still in deiner Höhle? Wartest du nur auf mich? Vielleicht bist du nicht so unbesieg-bar wegen deiner Kraft und Macht, sondern weil du unsere Schwächen so gut kennst? Kennst du meine auch? Bin ich dein nächstes Opfer oder wird's die ganze Insel sein? So oder
1820 so, ich wäre mit ihr wieder vereint. Meine und ihre Asche zu-sammen im Staub. Du hast in gärendes Drachengift die fromme Insel verwandelt!

Zwei schwache, gedimmte Lichter wie Augen aus der Höhle.

Sigurd: Jetzt sind wir hier allein, Drache! Du und ich. Wir teilen ein
1825 Ziel: Den anderen zu besiegen. Du könntest mich erschlagen, verkohlen, zerquetschen, zerreißen. Und ich? Ich kann nichts gegen dich ausrichten. Aber eine Schwäche muss es doch ge-ben! Ich muss es noch herausfinden, und das schnell, wäh-rend du dich häutest und schläfrig und geschwächt bist, deine
1830 alte Haut abwirfst und dich in ewigem Wachstum erneuerst. Fast könnte ich Mitleid mit dir haben!

Er schleicht näher an die Höhle heran. Das Trommeln bleibt unrhyth-misch und wird nur ein wenig lauter.

Sigurd: Geschwächt bist du in deiner Erneuerung. Die alten Schup-
1835 pen fallen ab, die neuen müssen erst erhärten, was dich schwächt! Moment! Ist das die Lösung? Ich muss es wissen, es

riskieren! Vielleicht ist das die Lösung! Vielleicht habe ich sie gefunden, deine Schwäche!

Sigurd schleicht noch näher an die Höhle und verschwindet in dieser.

1840   *Eine Weile Stille.*

Vorhang.

5.2

Dunkelfaust, Aria und Kupferstift im Palast.

Aria: Es ist nicht mehr zu ertragen! Das kannst auch du nicht mehr leugnen!

1845   Dunkelfaust: Ich arbeite unermüdlich daran, den Gestank des Drachens zu tilgen!

Aria: Den Gestank? Der Gestank ist das kleinste unserer Probleme!

Dunkelfaust: Da siehst du, wie deinem Großvater selbst das kleinste Problem am Herzen liegt!

1850   Aria: Aber hast du auch eins, den Drachen zu töten?

Dunkelfaust: Töten? Du jetzt auch? Ich kann doch meine Schöpfung nicht vernichten!

Aria: Auch nicht, wenn sie dich verschlingt?

Dunkelfaust: Niemals! Selbst wenn wir die Kontrolle verlieren sollten, wir müssen ihn auch nicht vernichten. Es gibt immer

1855   noch den Plan B.

Aria: Du hast einen weiteren Plan? Ja heraus damit! Den möchte ich hören. Ein wenig Hoffnung nur, nach mehr frag ich ja gar nicht!

1860 Dunkelfaust: In der Nacht kannst du ihn sehen! Er leuchtet rot am
Firmament. In guten Nächten kann man ihn von hier aus se-
hen.

Aria: Ich verstehe nicht! [*beiseite*] Jetzt hat er den Verstand verloren!

Dunkelfaust: Nun, wenn diese Insel nichts mehr hergibt, warum
1865 suchen wir uns nicht eine neue, nicht eine neue Heimat, keine
neue Insel, sondern gleich einen neuen Planeten? Wir bauen
eine Rakete und fliegen durch den Äther zum Mars. Dort be-
ginnen wir ein neues Leben!

Aria: Du willst zu den Sternen? Großvater, ist das dein Ernst?

1870 Dunkelfaust: Sicher, es wird einige Tausende Jahre dauern, ihn be-
wohnbar zu machen. Aber dann steht uns eine neue Welt of-
fen! Der Mars ist etwas für Krieger[31]! Er ist der Planet für
Krieger! Ich stelle mir meinen Platz dort vor. Die Luft muss
erst geschaffen werden, um dort atmen zu können. Aber ist
1875 das getan, die Atmosphäre transformiert, dann wird er für
uns blühen, und wir werden von dort hinabsehen auf die
graue, öde Erde! Ich habe Pläne über Pläne, wie wir solch eine
Arche bauen und die Erde verlassen können!

Aria: Der Mars? Tausend Jahre? Das ist eine Ewigkeit! Was für ein
1880 Plan ist das denn?

Dunkelfaust: Was sind schon Tausend Jahre, wenn in alle Ewigkeit
unser Name ehrfurchtsvoll geflüstert wird? Ich werde der
Noah des Weltenraums! Hier auf der Welt finde ich doch
keine Anerkennung. Die Menschen wissen mein Genie nicht
1885 zu schätzen. Sie sind undankbar und nörgeln und beschweren
sich. Sie verstehen mich so falsch. Ich werfe es ihnen nicht
vor. Das Genie ist halt einsam in seiner Phänomenalität! Auf
einer anderen Welt werden sie es erkennen!

Aria: Aber es geht hier doch nicht um dich! Es geht um unser Le-
1890 ben!

---

[31] Mars ist der antike römische Gott des Krieges.

Dunkelfaust: Du musst größer denken! Das ist es, was dich zurück-
hält: Dass du das Große, das Ganze nicht erkennst! Aber ich
zeige es dir gern! Lass uns das angehen. Unser gemeinsames
großes Projekt! Du und ich! Wir beide beginnen, und nach-
1895   dem ich nicht mehr bin, wirst du es übernehmen und in die
Zukunft tragen. Und vielleicht werden die Enkelkinder deiner
Kindeskinder diese Rakete besteigen.

Aria: Das ist dein Ernst? In solch eine Welt kann man doch keine
Kinder setzen! Wer würde so etwas machen? Meine Kindes-
1900   kinder wären damit beschäftigt zu überleben, wenn sie es
überhaupt so lange schaffen würden! Meinst du, die hätten
Zeit an fantastischen Träumen zu werkeln? Sie würden sich
wie Würmer in der Erde verbuddeln, verstecken vor der Ra-
che dieser feuerspeienden Höllenkrähe! Bitte sag mir, dass du
1905   scherzt!

Dunkelfaust: Es ist mein heiliger Ernst!

Aria: Das ist also deine Antwort? Die Flucht, nachdem hier alles
zerstört ist?

Dunkelfaust: Es ist ein Aufbruch zu neuen Errungenschaften!

1910   Aria: Es ist Wahnsinn! Das kann doch nicht sein! Du bist wahnsin-
nig. [*zu Kupferstift*] Er ist wahnsinnig!

Kupferstift bleibt reglos.

Aria: Hier habe ich nichts mehr verloren.

Aria ab.

1915   *Vorhang.*

5.3

Der Bauer, der Fischer und der Schuppenschleifer auf der Straße. Sigurd kommt eilig gelaufen.

Der Bauer: Schau mal, wer da kommt!
Der Fischer: Da ist das Freundchen ja endlich!
1920 Sigurd: [*aufgeregt*] Gut, dass ich euch sehe!
Bauer: Ganz ruhig, mein Freund!
Schuppenschleifer: Was ist denn? Beruhig dich doch, und dann er-
    zähl!

Sie umringen ihn, der Fischer versucht, hinter ihn zu kommen. Er hat ei-
1925 *nen Knüppel in der Hand.*

Sigurd: Ich habe Neuigkeiten! Gute Neuigkeiten! Ich habe mich auf
    die Lauer gelegt und ihn beobachtet! Nicht nur beobachtet!
    Ich bin bis in seine Höhle gekrochen! Habe ihn gar berührt.
    Ich war ihm so nah wie ihr mir jetzt, und er war so friedlich
1930   zu mir wie ihr jetzt! Er hat eine Schwachstelle unter dem
    Bauch! Jetzt, da er sich häutet, ist er ganz verletzlich! Die
    neuen Schuppen sind noch weich. Am Bauch ist eine riesige
    Stelle, die ganz schutzlos ist! Es ist einfacher als gedacht! Fi-
    scher, mit deiner Hilfe kann ich es schaffen! Ganz allein!
1935 Schuppenschleifer: Allein?
Sigurd: Mit einer deiner Harpunen könnte ich sein Herz durchste-
    chen! Es braucht ein wenig Glück und noch etwas mehr Mut,
    aber keine Opfer! Ein Mann allein könnte das schaffen! Er ist
    geschwächt! Wenn er nicht unruhig ist, dann ist er schläfrig.
1940   Wir müssen nur die richtige Gelegenheit finden, aber die wird
    bald vergehen! Zusammen könnten wir ihn ablenken, und ein
    guter Harpunist hätte Zeit genug, ihm den Stahl ins Herz zu
    stoßen. Zur Not würde ich's allein wagen! Jetzt ist die

	Gelegenheit! Er muss ruhen, er muss Kräfte sammeln, seine
1945	neuen Schuppen müssen sich festigen!
	Bauer: So einfach ist es aber doch sicherlich nicht!
	Sigurd: Doch, so einfach ist es! Allein könnte ich es zur Not! Dann
	wären wir ihn los und könnten ihn ausschlachten! Mit dem,
	was wir an seinem Kadaver verdienen, an seinen Schuppen,
1950	Zähnen, Knochen, an seinem Blut, da hätten wir ein hübsches
	Sümmchen für einen Neuanfang! Was sagt ihr?
	Schuppenschleifer: Wir sollten nichts überstürzen! Darüber müssen
	wir reden.
	Fischer: Genug geredet! Jetzt wird gemacht!

1955   *Der Fischer schlägt Sigurd von hinten einen Knüppel über den Schädel.*
Er fällt zu Boden, sie stürzen sich auf ihn.

Schuppenschleifer: Meinst du so?
Bauer: Oder so, du Verräter!
Fischer: Dich hauen wir weg, du Opfer, du Feind!

1960   *Sie schlagen und treten auf Sigurd ein, während der auf dem Boden liegt.*

Schuppenschleifer: Da kommt jemand!
Bauer: Lasst uns verschwinden!
Fischer: Einen noch! Und noch einen!

Sie lassen ihn liegen und schnell ab.

1965   *Sigurd leblos auf dem Boden.*

5.4

Aria und der Seemann. Sie finden Sigurd auf dem Boden und versuchen ihm aufzuhelfen.

Aria: Mein Gott, was haben sie mit dir angestellt? Sie haben ihn fast totgeschlagen.

1970 Sigurd: [*schmerzverzerrt*) Halb ist nicht ganz! Es geht schon [*will aufstehen*].

Aria: Bleib liegen und halt still! Das ist genug des Heldentums!

Sie beugt sich über ihn und versorgt seine Wunden.

Sigurd: [*versucht zu scherzen, aber voller Schmerz*] Wie gesagt! Halb
1975 so schlimm! Ich lebe ja noch! Ein paar gebrochene Knochen bringen mich nicht um.

Aria: Mein Gott, sie haben dir wirklich die Knochen zerschlagen! Wie brutal kann man nur sein? Du hast ihnen doch nur helfen wollen! So danken sie es dir?

1980 Sigurd: Wenn sie es verstehen, dann nehme ich auch ein paar kaputte Knochen hin. Irgendwann werden sie es schon lernen! Wenn es ihnen hilft, mir Gewalt anzutun, dann bitte!

Aria: Das ist doch Irrsinn! Diese ganze Gewalt, diese Brutalität, warum ist das alles so? Warum können wir das nicht wie vernünftige Menschen regeln?

1985 Sigurd: Du bist naiv, das zu glauben!

Seemann: Wir sollten verschwinden, bevor sie zurückkommen!

Aria: Und zwar ganz weit weg!

Seemann und Aria helfen Sigurd mühsam auf und stützen ihn.

1990 *Die Drei langsam ab.*

Vorhang.

5.5

Dunkelfaust in seiner Bibliothek vor seiner Erfindung. Es ist eine riesige Zeichnung. Auftritt Kupferstift.

Dunkelfaust: Heureka[32]! Ich habe die Lösung! Ein Ventilator im Raum bestäubt die Luft mit Rosenwasser und überdeckt den fauligen Schwefelgestank. Der andere befördert die verbrauchte Luft hinaus! So lösen wir es! Geschafft! Der Drache hat schon wieder einen Teil seines Schreckens verloren! So lösen wir alle Probleme!

Kupferstift: Wundervoll!

Dunkelfaust: Und mit dieser Lösung können wir ganz nebenbei ein schönes Sümmchen verdienen! Stell dir vor, wie wir dies an die Insulaner verkaufen können! Jedes Haus bekommt solch eine Anlage! Lass die Manufaktur[33] genug davon herstellen. Wir verkaufen sie den Leuten! Sagen wir mit dreifachem Gewinn. Wir wollen nicht gierig sein! Sie werden uns noch ein wenig dankbarer sein! Gewinn von allen Seiten!

Kupferstift: Ich fürchte, viele haben gerade größere Probleme. Viele Menschen brauchen mehr als einen Ventilator.

Dunkelfaust: [*missbilligend*] Sie werden sich schon wieder beruhigen! Da mache ich mir keine Sorge. Es ist auch nicht mein Problem, wenn sie sich immer nur beschweren! Immerhin sind die Arbeiter auf meiner Seite!

Kupferstift: Sehr wohl. Ich gebe die Order sofort weiter. Haben Sie übrigens vom Sigurd gehört?

Dunkelfaust: Was ist mit dem?

Kupferstift: Er ist ziemlich übel zugerichtet worden.

1995	
2000	
2005	
2010	
2015	

---

[32] **Heureka:** (altgriech.) „Ich habe es!" Der Spruch geht auf den griechischen Mathematiker Archimedes zurück.

[33] **Manufaktur:** (veraltet) Werkstatt, Fabrik

Dunkelfaust: Er hat ein lockeres Mundwerk, da fängt man sich schnell mal eine Schelle[34] ein!

2020 Kupferstift: Sie haben ihm wohl die Knochen gebrochen. Damit er den Drachen nicht tötet. Er hatte einen Plan!

Dunkelfaust: Dann haben sie ihm sogar einen Gefallen getan! Der Drache wäre sicher nicht so nachsichtig mit ihm gewesen! Mit gebrochenen Knochen wird der das hoffentlich so bald nicht
2025 nochmal versuchen!

Kupferstift: Ja… da liegen Sie vermutlich richtig. Trotzdem…

Dunkelfaust: Trotzdem was?

Kupferstift: Ich weiß nicht. Ist das alles richtig so?

Dunkelfaust: Richtig? Es ist notwendig!

2030 Kupferstift: Ich weiß nicht.

Dunkelfaust: Weil du nicht weißt, arbeitest du für mich und nicht umgekehrt! Ich bin ein Macher! Ein Visionär. Ich durchblicke die Dinge, du stehst da und weißt nicht. Als Macher muss man eben machen. So wie die braven Bürger auch reagiert ha-
2035 ben.

Kupferstift: Meinen Sie, dass das angemessen war?

Dunkelfaust: Ich meine, dass er sich das selbst eingebrockt hat. Und jetzt ab, die Ventilatoren bauen sich nicht von selbst! Und noch etwas: Damit ist alles gut! Ein glückliches Ende,
2040 würde ich fast behaupten! Der Drache hat sich seit Tagen nicht mehr gemeldet! All die Hysterie, die Panik und das Ge-schrei für nichts. Am Ende fügen sich die Dinge wie von selbst.

Kupferstift: Sehr wohl!

2045 *Kupferstift ab.*

Vorhang.

---

[34] **Schelle**: (veraltet) Ohrfeige

5.6

Aria, Sigurd und Seemann in einem kleinen zusammengeschusterten Boot aus Müll. Der Seemann am Steuer. Sigurd liegt reglos mit verbundenen Armen und Beinen im Boot. Aria hält seinen Kopf und kümmert sich um ihn.

2050

Aria: Unsere Insel wird kleiner, verschwindet am Horizont! Wenn ich meinen Daumen vor das Auge halte, kann ich sie damit komplett verdecken! So klein ist sie und so fragil[35]. In diesem Angesicht fühle ich mich noch viel winziger. Ich habe nie verstanden, warum wir sie den Smaragd des Ozeans genannt haben. Es war einfach ein schöner Name. Wie ein Werbespruch, der nett klingt. Nun, da wir sie aufgeben, verstehe ich ihn, glaube ich, und nun, da sie verloren ist, verstehe ich, wie groß der Reichtum ist, den wir einst hatten.

2055

2060 *Vorhang.*

5.7

Nach einer kleinen Pause Vorhang auf.

Es ist Nacht. Die Vorigen immer noch im Boot.

Aria: Seit Tagen nichts als Seewasser.
Seemann: Nichts als Seewasser? So viel Unrat um uns herum!

---

[35] **Fragil**: zerbrechlich.

2065   *Er fischt Müll aus dem Meer.*

Aria: [*zu Sigurd*] Wie geht es dir?
Sigurd: Besser. Wenn der Durst nicht wäre.
Seemann: Denk nicht daran. Aus dem Meer habe ich eine Plane ge-
        fischt, wir lassen Meerwasser morgen in der Sonne verduns-
2070   ten und sammeln das Kondensat. Es wird nicht viel, aber es
        wird den Durst etwas lindern.
Aria: Aber wie lange?
Seemann: Was soll ich sagen? Nicht ewig. Aber jeder Tropfen hilft!
Sigurd: Immerhin riechen wir den widerlichen Gestank nicht mehr!
2075   Aria: Der Drache ist so still! Meinst du, ihm ist etwas zugestoßen?
        Sind wir umsonst geflohen?
Sigurd: Das ist die Ruhe vor dem Sturm.

Vorhang.

5.8

Der Bauer, der Fischer und der Schuppenschleifer in der verkohlten Land-
2080   *schaft in der Nähe der Höhle des Drachens. Ganz leises, unrhythmisches*
        Trommeln, wie ein sehr langsamer Herzschlag. Die Männer haben Tücher
        vor dem Mund und suchen wie Gudrun zuvor in dem Staub nach Reli-
        quien des Drachens. Vor ihnen bereits ein riesiger Haufen von Drachen-
        schuppen.

2085   Schuppenschleifer: [*hebt eine Drachenschuppe auf*] Hab noch eine!
Fischer: [*zieht eine aus dem Dreck*] Ich auch!
Bauer: Hätte nicht gedacht, dass das so mühsam ist!

Fischer: [*hustet*] Kann man nicht ertragen!

Schuppenschleifer: Wolltet ihr nicht glauben, jetzt seht ihrs!

2090 Bauer: Aber verdammt, wie viel wir sammeln! [*hebt eine Scheibe auf*] Hier ist wieder eine!

Fischer: Mit meiner Fischerei würde ich in Wochen nicht so viel verdienen.

Bauer: In Monaten!

2095 Fischer: Vielleicht doch nicht so schlecht. Warum sollte ich aufs Meer und in stinkenden Innereien wühlen, wenn ich hier viel schneller reich werde!

Bauer: Lieber angestellt und reich als ein armer Bauer, sage ich!

Schuppenschleifer: Wir haben genug! So viel können wir gar nicht

2100 tragen!

Fischer: Das ist das Geschäft unseres Lebens! Wir sind noch lange nicht durch! Hier liegt noch viel rum!

Schuppenschleifer: Ihr solltet nicht gierig werden!

Bauer: Doch, sollten wir! Wir waren zu lange nicht gierig genug!

2105 Fischer: Du weißt gar nicht, wie hungrig wir sind!

Schuppenschleifer: [*setzt sich hin*] Ich brauche eine Pause.

Bauer: Na gut!

Bauer und Fischer setzen sich auch. Der Bauer nimmt eine Flasche Schnaps heraus, nimmt einen tiefen Schluck und gibt die Flasche weiter.
2110 *Sie kreist während des Gesprächs.*

Fischer: Auf ein neues Leben!

Schuppenschleifer: Der Junge hatte recht! Das Vieh schläft sich aus.

Fischer: Friedlich wie ein besoffenes Baby!

Bauer: Vor dem brauchen wir keine Angst haben!

2115 Schuppenschleifer: So viel Panik wegen nichts! Und das zum dreifachen Lohn!

Bauer: Jetzt können wir uns auch steinerne Hütten leisten!

Schuppenschleifer: Und man munkelt, dass Dunkelfaust was gegen den Gestank erfunden hat.

2120 Bauer: Wir waren wirklich undankbar. Wie er sich kümmert.

Schuppenschleifer: So eine große Ernte hatten wir noch nie. Wie Sigurd gesagt hat! Das Vieh schläft einfach und wir sammeln es auf!

Fischer: Den haben wir schön zugerichtet. Habt ihr gesehen, wie
2125 der in die Knie gegangen ist?

Bauer: Du hast dich nicht zurückgehalten.

Fischer: Wünschte nur, ich hätte den letzten Schlag noch reinbekommen! Den hätte er nie wieder vergessen! [*lacht*] Oder vielleicht wären für immer die Lichter ausgegangen!

2130 Bauer: Er ist wohl mit dem alten Seemann abgehauen. Und mit der Großtochter Dunkelfausts.

Fischer: Der verdammte Feigling!

Schuppenschleifer: Er wollte immerhin einen Drachen töten.

Bauer: Wollte…

2135 Schuppenschleifer: Ist wohl besser so. Dass diese verzogenen Gören abgehauen sind.

Bauer: Auch wenn sie ihm das Herz damit bricht! Der wäre gern ein Held geworden!

Fischer: In den sicheren Tod sind sie gegangen. Solche Dumm-
2140 köpfe! Da draußen ist nichts als Wasser. Eine Wüste! Sie liegen bestimmt jetzt schon vereint auf dem Meeresboden!

Schuppenschleifer: Gut, dass wir nicht auf sie gehört haben!

Bauer: Kannst du laut sagen!

Fischer: Gib mir nochmal die Flasche!

2145 *Vorhang.*

5.9

Aria, Sigurd und Seemann in ihrem Boot aus Müll. Der Seemann am Steuer. Sigurd geht es besser.

Sigurd: So werden wir also sterben? An Durst? Ich wäre lieber als Held, als Drachentöter gestorben, als hier so langsam unter-
2150   zugehen.

Aria: Aber nicht in deinem Zustand! Was ist mit euch? Warum müsst ihr alle Helden sein und warum habt ihr immer den Tod im Sinne!

Sigurd: Wär ich ein Held gewesen, säßen wir nicht hier!

2155   Aria: Weil du dann schon längst tot wärst!

Seemann: Dort! Schaut! Da am Horizont!

Sigurd: Was ist das? Was hebt sich da aus dem Meer heraus?

Aria: Eine Insel?

Seemann: Hier kann keine Insel sein! Ich kenne die Gewässer. Hier
2160   kann kein Land sein.

Aria: Und doch ist da was!

Seemann: Wir schauen es uns an!

Aus der Distanz plötzlich ein Leuchten, dazu gedämpftes Trommeln.

Sigurd: Er ist wütend. Seit Tagen schon tobt er.

2165   Aria: Ist fast so, als hätten wir Glück, in dieser Nussschale zu sein! Wie müssen sich die Menschen dort fühlen [*zum Seemann*] Meinst du, er kann uns hier erreichen?

Seemann: So weit kann er nicht fliegen. Aber es ist nicht der Dra-che, der mir Sorgen bereitet. Es sind unsere Vorräte. Lange
2170   halten sie nicht mehr.

Seemann dreht das Segel und steuert das Boot.

Vorhang.

5.10

Im Palast. Ohrenbetäubend lautes Trommeln, Rauch füllt den Palast. Dunkelfaust und Kupferstift. Sie müssen brüllen, um sich verständlich zu machen.

Dunkelfaust: Mein Gott, was für ein Monster!
Kupferstift: Die ganze Insel hat er niedergebrannt!
Dunkelfaust: Was für eine unermessliche Kraft!
Kupferstift: Dieses ist das letzte Gebäude, das er noch nicht ver-
        nichtet hat!
Dunkelfaust: Es ist unglaublich!
Kupferstift: Und wir sind sicherlich die letzten, die noch übrigge-
        blieben sind!
Dunkelfaust: Was für eine Ehre! Er zeugt mir Respekt, dass er mich
        als Letztes aufbewahrt!
Kupferstift: Was?
Dunkelfaust: Er zeugt seinem Schöpfer Respekt! All das habe ich
        geschaffen!
Kupferstift: Geschaffen? Sind Sie wahnsinnig?
Dunkelfaust: Stell es dir doch vor! Wenn er alles niedergebrannt
        hat und man seine Gebeine und die Ruinen findet!
Kupferstift: Ich muss hier weg! Meine Güte! Welch Horror!

Kupferstift hastig ab. Als er die Bühne verlässt, wird das Trommeln noch einmal lauter und ein heller Lichtstrahl erleuchtet die Bühne. Dann lässt das Trommeln wieder nach.

Dunkelfaust: [*geht ans Fenster und scheint dem Drachen zuzubrüllen*]
        Ich stelle mir vor, wie einst ein Reisender auf diese Insel sei-
        nen Fuß setzen wird[36]. Dies alles halb versunken in Staub und
        überwuchert. Darüber drapiert die Knochen meines

---

[36] Anspielung an das Gedicht „Ozymandias" von Percy Bysshe Shelley.

95

2200 Drachens! Sonst nichts. Nur mein steinernes und versteinertes Vermächtnis. Der Entdecker aus fernen Ländern wird schaudern, was hier passiert ist: Also betrachte meine Werke und verzweifle! Mein Drache! Vollende dein Werk und mache mich zu einer Legende!

2205 *Dunkelfaust hebt die Arme vor dem Fenster. Das Trommeln legt noch einmal zu. Rauch bläst durch das Fenster und verdeckt Dunkelfaust, dazu ein greller Lichtschein.*

Vorhang.

5.11

2210 *Aria, Sigurd und der Seemann im Boot. Im Hintergrund eine schwarze Wolke, wo die Insel war, dazu Rauch, der aufsteigt.*

Sigurd: Drei Tage hat er grausam gewütet. Jetzt ist es grausam, still und ruhig.
Aria: Wie mag es da jetzt aussehen?
Sigurd: Wie ein Friedhof.
2215 Aria: Glaubst du wirklich?
Aria: Du glaubst, sie sind alle tot? Das wäre so grausam!
Sigurd: Niemand kann das überlebt haben.
Aria: Auch nicht Großpapa in seiner Festung?
Sigurd: Selbst, wenn die Gemäuer gehalten haben, das Feuer, der
2220 Sturm, sein giftiger Atem!
Aria: Wie schrecklich!

Sigurd: So wütend war er noch nie. Nach drei Tagen und Nächten Feuer? Es kann einfach nichts mehr übrig sein! Alles wird vernichtet sein! Alles am Ende.

2225 Aria: Kannst du dir das vorstellen? Alle, die wir kennen, sind einfach tot. Niemand mehr, außer wir.

Sigurd: Ich kann es nicht fassen. Alles vorbei.

Seemann: Nichts ist vorbei. Das Leben kann er nicht auslöschen. Sie wird zurückkehren. Winzige Sprösslinge, kleine Halme

2230 erst, aber sie gieren nach dem Leben und werden sich behaupten. Es wird zurückkehren. Jungfräulich, unaufhaltsam. Die Natur ist stärker als diese Rachegöttin. Sie besitzt die Ewigkeit.

Aria: Meinst du? Aber ist das die Hoffnung? Der Drache ist ja noch

2235 da.

Sigurd: Er hat alles gefressen, was er kriegen konnte. Gras frisst er nicht. Jetzt wird er von seiner Gier gefressen. Sie ist einfach stärker.

Seemann: Die Zukunft regt sich bereits! Wir können es nicht sehen,

2240 aber sie ist bereit! Es ist das Ende, aber auch der Anfang!

Sie trauern stumm.

Vorhang.

5.12

Aria, Sigurd und der Seemann im Boot. Sie sind vollkommen erschöpft
2245 *und dehydriert. Im Hintergrund, wo die Insel winzig zu erkennen ist,*
reckt sich eine riesige dunkle Rauchfahne in den Himmel. Sonst ist alles
still.

Aria, Sigurd und der Seemann schauen eine Weile still darauf. Dann
dreht der Seemann am Ruder sich schließlich um und starrt in die andere
2250 *Richtung.*

Seemann: Da ist etwas vor uns! Mitten im Meer, wo nichts sein
    dürfte.
Aria: Wenn da nichts sein dürfte, ist da auch nichts.
Sigurd: Warum dürfte hier nichts sein?
2255 Seemann: Ich kenne die Gewässer, hier sollte nichts als Wasser
    sein!
Sigurd: Eine Insel?
Seemann: Es schwimmt. Dann kann es keine Insel sein.
Aria: Aber es ist riesig! Ich sehe es auch!
2260 Seemann: Lasst uns dorthin! Mit unserer letzten Kraft!

Sie paddeln in die Richtung.

Sigurd: Eine Insel voller Müll!
Seemann: Ein faulig stinkendes, verrottendes Eiland aus Abfall.
Aria: Welche bittere Ironie!

2265 *Sie legen an und steigen vorsichtig aus dem Boot.*

Sigurd humpelt auf improvisierten Krücken. Sie sehen sich um.

Aria: So viel davon. Wie unglaublich, wie widerlich. Es schüttelt
    mich, dieser Gestank, dieser Dreck! Das ertrage ich nicht!
Sigurd: Aber hier können wir ein Feuer machen.

2270	Seemann: Mit den zerfetzten Netzen können wir fischen.
	Sigurd: Wir können auch die Möwen jagen.
	Seemann: Glaub mir, die will man nicht essen!
	Sigurd: Aber man könnte es?
	Seemann: Wie die Ratten, die da hinten herumkriechen.
2275	Aria: Wie eklig!
	Sigurd: Hier steht Brackwasser in den Fässern.

Seemann schöpft etwas Wasser heraus und probiert vorsichtig.

Seemann: Regenwasser. Fauliges. Aber man kann es abkochen,
        dann können wir es trinken.
2280   Sigurd: Aus den Planen können wir ein Zelt bauen.

Aria, Sigurd und Seemann sehen sich an.

Aria: Also ist das unser neues Zuhause? Ihr wollt hier wirklich le-
        ben? Auf einer stinkenden Müllkippe?
Seemann: Besser als nichts.
2285   Sigurd: Besser als das, was unserer Heimat passiert ist. Wir schei-
        tern auf einem Abfallhaufen und haben doch so viel mehr als
        die, die uns verjagt haben.
Aria: Wie mag es da nun sein?
Sigurd: Die Hölle auf Erden.
2290   Aria: Dann ist keine Hoffnung?
Sigurd: Wenn er alles gefressen hat, wird er erkennen, was er getan
        hat.
Aria: Du meinst den Drachen? Der ist so blind vor Gier, wenn er
        nichts mehr findet, wird er sich selbst verzehren.
2295   Sigurd: Und so lange müssen wir hierbleiben?
Aria: Ein bisschen Buße wird uns guttun.
Sigurd: Wir werden Zeit haben, um Gudrun und die armen Men-
        schen auf der Insel zu trauern.

Aria: Wir werden Zeit haben, um zu überlegen, wo wir versagt ha-
2300   ben.
Seemann: Es gibt viel zu tun.
Aria: Der Seemann wird uns zeigen, wie wir unsere Zeit verbrin-
          gen. Wir werden wie er Figürchen schnitzen und
Seemann: Täuscht euch nicht. Wir werden viel Zeit damit verbrin-
2305   gen, am Leben zu bleiben. Unser Leben beginnt von vorn. Wir
          werden fischen und jagen und kochen müssen. Wir werden
          säen und ernten. Wir werden bauen und flicken und reparie-
          ren. Wir werden leben wie die ersten Menschen. Es wird nicht
          einfach sein! Wir werden den Elementen ausgesetzt sein und
2310   den unermesslichen Kräften des Meeres.
Sigurd: Ein Neuanfang. Ein ganz bescheidener. Den brauchen wir
          ganz dringend.
Aria: Ein Leben voller Entbehrungen. Aber ein ehrliches. Eins, das
          uns wieder zeigt, wer wir sind. Das brauchen wir vielleicht.
2315   Auch wenn es in einer kaputten Welt ist. Wenn es eklig ist
          und stinkt. Ein Leben auf schwimmendem Müll. Vielleicht ist
          das unsere gerechte Strafe.
Sigurd: Sollen wir es anpacken?
Seemann: Eine andere Wahl haben wir nicht!
2320 Sigurd: Dann sei es so. Wir richten uns auf dem Dreck unserer Vor-
          fahren ein und beginnen ein neues Leben.

Stille.

Aria: Seemann, hast du noch deine Samen?

Der Seemann nickt, greift in seine Tasche und holt eine Handvoll Samen
2325 *heraus und verteilt sie an Aria und Sigurd.*

Aria: Wir brauchen etwas Hoffnung. Lasst uns säen!

Der Seemann gibt ihnen eine Handvoll Samen, und sie werfen sie aus, als
würden sie säen.

2330 Aria: Hier wächst mal ein Apfelbaum[37]! Ein Zeichen unserer Hoffnung. Wer sät, der glaubt an eine Zukunft!

Die Drei werfen stumm die Samen aus.

Aria und Sigurd halten sich an den Händen.

Vorhang.

---

[37] Anspielung auf ein Zitat, das Martin Luther zugesprochen wird: „Wenn ich wüsste, dass morgen die Welt unterginge, würde ich heute noch ein Apfelbäumchen pflanzen."

Epilog

2335 *Aria und Sigurd vor dem Vorhang. Sie gehen an den Rand der Bühne und werfen Samen ins Publikum.*

Sigurd: Wir haben auch noch ein bisschen Hoffnung, was euch betrifft! Aber bitte, jetzt macht auch mal was!

Aria: Nicht euch, sondern uns.

2340 Sigurd: Okay, uns! Aber ihr müsst auch bald den Arsch hochkriegen!

Aria: Das sind Bildungsbürger, mit denen kannst du nicht so reden: Den Popo müsst ihr bewegen! Versteht ihr? Also, wir müssen was tun!

Sigurd: Ja genau, wir! Ihr alten, weißhaarigen Menschen auch!

2345 Aria: Provozier sie nicht. Die wollen jetzt nachhause!

Sigurd: Im großen SUV? 300PS! Da sind sie sicher vor der Welt. Aber elektrisch! Klar, das macht dann alles wieder gut.

Aria: Ich muss mich echt für ihn entschuldigen!

Sigurd: Überlegt trotzdem mal, ob wir vielleicht doch nicht so ein

2350 bisschen recht haben.

Aria: Oder ob wir Quatsch vorgespielt haben!

Sigurd: Denn ihr alten, gut Verdienenden, hier in Deutschland. Ihr seid schon die, die ziemlich viel Dreck am Stecken haben! Ist euch klar, oder?

2355 Aria: Jetzt fang nicht schon wieder an! Die wollen gehen! Da hinten stehen schon ein paar auf!

Sigurd: Ja okay, wir auch. Also Leute, ihr kennt das Zitat mit dem Vorhang zu und den offenen Fragen![38]

---

[38] Anspielung an das Drama: Der gute Mensch von Sezuan von Bertolt Brecht, das mit dem Satz endet: „Wir stehen selbst enttäuscht und sehen betroffen / Den Vorhang zu und alle Fragen offen."

Aria: Nur, dass keine Fragen offen sind. Alle Antworten sind da.
2360 Jetzt müsst ihr auch mal machen!
Sigurd: Auf geht's!
Aria: Und nehmt noch ein paar Samen mit und pflanzt auf dem
Weg nachhause euer Apfelbäumchen!

Aria und Sigurd werfen ihre letzten Samen ins Publikum und verschwin-
2365 *den dann hinter dem Vorhang.*

Unterrichtsmaterialien

Einstieg vor der Lektüre

Einstieg im Unterrichtsgespräch
Was macht eine gute Geschichte aus?

Gruppenarbeit

Stellt euch eine Geschichte vor, die sich mit dem Thema der Klimakatastrophe beschäftigt und den Titel „Drachentöter" trägt.

Geschichten benötigen Emotionen und Menschen, die in einem Konflikt zueinander stehen. Welche Interessensgruppen könnte es in solch einer Geschichte geben und welche Konflikte könnten entstehen rund um das Thema Klimawandel und Umweltzerstörung?

Erstellt eine Liste von sich gegenüberstehenden Interessenvertretern zu diesem Thema.

Recherchiert bitte kurz: Welche Folgen wird der Klimawandel auf der Welt haben? Überlegt euch, welche davon sich vor allem für eine Geschichte eignen würden.

Hintergrund

Im klassischen Drama gibt es entweder Komödien (humorvoll) oder Tragödien (häufig nach diesem Muster: ein eigentlich guter Mensch wird zum Schurken bzw. scheitert aufgrund von einer Charakterschwäche, die ihn zu unmoralischen Taten anstiftet. Am Ende wird er dafür bestraft).

Geschichten sind häufig in drei bzw. fünf Akten aufgebaut.

- Im ersten Akt werden die Figuren und Konflikte vorgestellt.
- Im zweiten Akt spitzen sich die Konflikte zu.
- Im dritten Akt kommt es entweder zu einer Lösung (Komödie) oder eine Katastrophe (Tragödie)

Gute Geschichten zeichnen sich durch mehrere Merkmale aus:

- Spannende Handlung: Eine klar strukturierte, interessante Geschichte mit Höhen und Tiefen, Konflikten und Wendepunkten hält die Leser gefesselt.
- Charakterentwicklung: Gut gezeichnete Charaktere, die authentisch wirken und sich im Laufe der Geschichte entwickeln, machen eine Geschichte lebendig und nachvollziehbar.
- Themen und Emotionen: Gute Geschichten sprechen relevante Themen und universelle Emotionen an, die die Leser bewegen.
- Atmosphäre und Stil: Eine dichte Atmosphäre und ein passender Schreibstil tragen dazu bei, dass die Leser tief in die Geschichte eintauchen.
- Eine klare Botschaft: Die besten Geschichten bieten eine Botschaft oder Moral, die zum Nachdenken anregt, ohne belehrend zu wirken.

Arbeitsauftrag

Skizziert in Stichpunkten die Handlung einer solchen Geschichte und die Figuren, die miteinander im Konflikt stehen berücksichtigt dabei die folgenden Fragen:

- Welche Figuren könnten in solch einer Geschichten auftreten und wie könnten sie sich im Laufe der Geschichte verändern?
- Welche Konflikte könnte es zwischen ihnen geben?
- Was hat es mit dem Drachen in der Geschichte auf sich?
- Was könnte in solch einer Geschichte passieren?

Problematisierung der Möglichkeiten und Grenzen des Theaters.

Das Drama wird als Lesedrama bezeichnet:
"Als Lesedrama wird ein literarisches Werk bezeichnet, das zwar der Form des Dramas folgt, aber nicht für die Aufführung auf einer Bühne konzipiert ist. Es richtet sich somit nicht an Zuschauer, sondern an einen Leser. Ein Lesedrama funktioniert unabhängig von den Möglichkeiten der Bühnentechnik. Handlungsdauer und Anzahl der eingeführten Personen brauchen nicht beschränkt zu werden. [...] Es kann jedoch vorkommen, dass ursprünglich als Lesedramen verfasste Stücke mit der Zeit ihren Weg ins Theater finden, so etwa Goethes Faust oder Schillers Räuber."

- Welche Inhalte und Handlungen könnten auf einer Theaterbühne schwer darzustellen sein? Erstellt eine Liste. Überlegt auch, ob unsere heutige Technik (Videoprojektionen, Audioaufnahmen) eine Aufführung einfacher macht.

● Was unterscheidet ein Theater bzw. Theaterstück von einem Kino bzw. Kinofilm? Erstellt eine Liste, überlegt auch die Vor- und Nachteile der beiden Aufführungsarten.

Einstieg nach der Lektüre

1. Ein Poster erstellen
Erstellt ein Poster für eine Theateraufführung. Wählt eine der beiden Optionen:
A. Macht mit einem Handy ein Standfoto für ein Plakat einer Theateraufführung. Sucht euch die wichtigsten Figuren und posiert diese in der Art und Weise, wie sie im Theaterstück auftreten. Gestaltet dann ein Poster für das Theaterstück mit den wichtigsten Informationen.
B. Kreiert ein Foto mithilfe einer Künstlichen Intelligenz, die Bilder erstellt. Erstellt möglichst ausführliche Prompts, was in dem Bild zu sehen sein soll. Vervollständigt dann das Plakat mit einem Grafik- oder Textverarbeitungsprogramm.
Stellt die Ergebnisse vor der Klasse vor und erläutert eure Entscheidungen.

2. Umweltbilanz
Ermittelt den **CO2-Fußabdruck** eurer Familie (es gibt verschiedene Webseiten, die euch dabei helfen). Ermittelt auch, wie viel Müll ein Deutsche im Durchschnitt produzieren, wie viele Lebensmittel weggeworfen werden.

Recherchiert und vergleicht das Ergebnis mit dem von Menschen in anderen Teilen der Welt. Diskutiert, welche Konsequenz sich daraus für uns ergibt.

Überlegt, mit welchen Maßnahmen ihr euren Fußabdruck verringern könntet und wie einfach oder schwierig das für euch sein würde.

3. Fragen an das Theaterstück

Formuliert in Einzelarbeit drei Fragen zu dem Theaterstück nach der ersten Lektüre. Sammelt diese Fragen in der Klasse und kategorisiert sie. Schreibt diese auf Karteikarten und hängt sie im Klassenzimmer auf. Wenn ihr eine beantworten könnt, dann schreibt diese Antworten auf die Karte.

Die Figuren

Figurenkomposition

1. Arbeitet mit einem Partner und bestimmt zunächst, welches die **wichtigsten Figuren** des Theaterstücks sind und begründet dies.
2. Erstellt ein **Soziogramm**, in dem die Beziehung zwischen den Figuren deutlich wird.
3. Findet Szenen, in denen man das Verhalten dieser Figuren jeweils besonders gut analysieren kann.
4. **Unterstreicht Textstellen**, die diese Figuren charakterisieren.
5. **Zeichnet** diese Figur so, wie ihr sie euch vorstellt (alternativ könnt ihr auch ein Foto aus dem Internet suchen, das eurer Vorstellung des Charakters entspricht oder eines mit KI erstellen).
6. Erstellt in Stichpunkten eine **Charakterisierung** der Figuren, bezogen auf ihre Einstellung, ihren Charakter, ihre Wertvorstellungen etc. Wenn ihr mögt, könnt ihr unterscheiden zwischen direkter und indirekter Charakterisierung

   Direkte Charakterisierung im Drama
   Im Drama erfolgt die direkte Charakterisierung hauptsächlich durch das, was die Figuren über sich selbst oder über andere Figuren sagen. Dies kann durch Monologe, Dialoge oder durch Regieanweisungen geschehen.
   Indirekte Charakterisierung im Drama
   Die indirekte Charakterisierung im Drama erfolgt durch das, was die Figuren tun, wie sie sich verhalten und wie sie miteinander interagieren. Da das Drama visuell und

akustisch präsentiert wird, spielen Gestik, Mimik und Körpersprache eine große Rolle.

7. Erstellt eine fiktive **Rollenbiografie** zu den Figuren.

   Eine **Rollenbiografie** in der Literatur ist eine detaillierte Beschreibung eines Charakters, die dabei hilft, diesen umfassend zu verstehen und darzustellen. Sie wird oft in der Theater- und Schauspielpädagogik verwendet, kann aber auch im kreativen Schreiben und in der Literaturanalyse nützlich sein. Eine vollständige Rollenbiografie enthält typischerweise die folgenden Elemente:

   1. **Allgemeine Informationen**: Name, Alter, Geschlecht
   2. **Äußeres Erscheinungsbild**: Körpergröße und -bau, Haarfarbe und -stil, Kleidung und Stil, besondere Merkmale (Narben, Tätowierungen, etc.)
   3. **Persönlichkeit und Charakter**: Charaktereigenschaften (positiv und negativ), Stärken und Schwächen, Ängste, Wünsche und Ziele, Werte, Interessen
   4. **Soziale Beziehungen**: Familie, Freunde und Bekannte, Feinde und Rivalen
   5. **Lebensumstände**: Finanzieller Status, Wohnsituation, Tagesablauf und Routinen
   6. **Bedeutung für die Handlung**: Rolle innerhalb der Geschichte, Beziehungen zu anderen Charakteren in der Handlung, Entwicklungen und Veränderungen im Laufe der Geschichte
   7. **Zitat oder typische Ausdrucksweise**: Charakteristische Sätze oder Redewendungen, Sprachstil und Ausdrucksweise

   Eine detaillierte Rollenbiografie kann dabei helfen, einen Charakter lebendig und glaubwürdig darzustellen. Sie dient als Leitfaden für Autoren, Schauspieler und Regisseure, um die

Tiefe und Komplexität eines Charakters zu erfassen und authentisch darzustellen.

Figurenkonstellation

1. Wie unterscheiden sich Aria und Gudrun voneinander in der Szene 1.1?
2. In der Szene 1.2 diskutieren **Aria und Dunkelfaust** über die Themen Freiheit, Liberalismus, Genialität und ein Herrschaftsverständnis. Inwiefern unterscheiden sich ihre Einstellungen?
3. Wie ist die ökonomische Situation von Bauer, Fischer und Schuppenschleifer in der Szene 1.4? Wie deuten die drei den Drachen im Vergleich zu Aria, Gudrun und Sigurd in der vorherigen Szene?
4. Welche Einstellung hat Dunkelfaust zu den Bürgern? Sammelt Zitate von Dunkelfaust und deutet diese.
5. Welche Beziehung haben Aria und Sigurd zueinander und wie entwickelt sich diese? Stellt dies anhand eines Zeitstrahls dar.
6. Im Laufe des Theaterstücks verändert sich die Haltung Kupferstifts zu seinem Herrn Dunkelfaust. Haltet diese Veränderung fest.

Themen

Der Drache

Allegorie oder Parabel für die Zerstörung der Umwelt

Definition Allegorie: Eine Allegorie ist eine literarische oder bildliche Darstellung, bei der abstrakte Ideen, Konzepte oder moralische Prinzipien durch konkrete Symbole, Charaktere oder Handlungen dargestellt werden. Es handelt sich um eine Form der Darstellung, die über den wörtlichen Sinn hinausgeht und tiefer liegende Bedeutungen vermittelt.

Definition Parabel: In der Literatur ist eine Parabel eine kurze Erzählung, die eine moralische oder philosophische Lehre vermittelt. Parabeln verwenden oft einfache Handlungen und Charaktere, um komplexe Ideen oder moralische Botschaften zu veranschaulichen. Sie können dazu dienen, universelle Wahrheiten oder Einsichten über das menschliche Verhalten und die menschliche Natur zu vermitteln. Bekannte Beispiele für Parabeln sind Aesops Fabeln und viele Geschichten in religiösen Texten wie die Gleichnisse Jesu in der Bibel.

1. Überlegt, wofür der Drache, die Insel sowie die Menschen und ihre Handlungen stehen könnten.
2. Erstellt eine Skizze, in der die Beziehungen deutlich werden.
3. Was könnte die Botschaft sein, die das Drama durch den Drachen ausdrücken möchte?

Radikalität

Ein Mittel zur Erreichung von politischem und gesellschaftlichem Wandel?

1. Beschreibt, wie sich die Versuche von Aria und Sigurd unterscheiden, Veränderungen auf der Insel zu bewirken.
2. In dem Theaterstück wird Sigurd als „Terrorist" bezeichnet. Trifft eurer Meinung nach diese Bezeichnung zu? Begründet eure Meinung kurz.
    Definition: Terror ist das systematische Verwenden von Gewalt und Einschüchterung, um Angst und Schrecken zu verbreiten und dadurch politische, religiöse oder ideologische Ziele zu erreichen. Dabei werden oft unschuldige Menschen angegriffen, um maximale Furcht und Unruhe in der Gesellschaft zu erzeugen.
3. Recherchiert Aktivisten oder Gruppen, die mithilfe von Protest und radikalen Aktionen, Veränderungen in der Gesellschaft hervorrufen möchten. Recherchiert, welche Mittel sie bereit sind einzusetzen.

Einige Beispiele für gesellschaftspolitischen Protest (andere sind möglich):

*   Greta Thunberg und Fridays for Future
*   Die „Letzte Generation" bzw. „Extinction Rebellion"
*   Die „Militante Veganerin" Raffaela Raab
*   Die RAF (Rote Armee Fraktion)

4. **Vergleicht** die Ergebnisse und diskutiert, ob die von diesen Personen bzw. Gruppen angewandten Maßnahmen akzeptabel bzw. erfolgversprechend sind.
5. **Recherchiert**, wie man Menschen am effektivsten überzeugt und ihre Meinung verändert.
6. **Thema zur Diskussion**: Ist Radikalität ein legitimes Mittel, um gesellschaftlichen Wandel zu erzielen?

Klimaflüchtlinge

1. Welche Gründe nennt Gudrun, die Insel zu verlassen?
2. Können Aria, Sigurd und der Seemann als Klimaflüchtlinge bezeichnet werden? Sammelt Argumente dazu.
3. Welche **Faktoren** könnten dazu führen, dass jemand sich entscheidet, seine Heimat zu verlassen und irgendwo anders Zuflucht zu suchen?
4. **Pull- und Push-Faktoren**: Welche Gründe könnte jemand haben, sein Heimatland zu verlassen (Push-Faktoren) und welche Gründe könnte jemand haben, in ein anderes Land zu migrieren (Push-Faktoren). Erstellt eine Liste.
5. **Recherchiert** Statistiken und Hintergründe zu Klimaflüchtlingen und visualisiert diese.
6. Schreibt ein **Tagebuch** einer Familie, die aus Gründen des Klimawandels aus ihrer Heimat flieht und beschreibt, wie sie sich beim Abschied fühlen, was sie auf der Reise erleben und welche Erwartungen sie in Bezug auf die Zukunft haben.
7. **Recherchiert**, welchen Anteil Europa und besonders Deutschland am Klimawandel (CO_2-Ausstoß) hat im Vergleich zu anderen Ländern (bspw. Entwicklungsländern). Ergibt sich daraus eine Verantwortung Deutschlands und

Europas für Klimaflüchtlinge oder nicht? **Sammelt Argumente pro und contra und präsentiert diese.**

Gerontokratie

Die Herrschaft der Alten

1. Macht das Theaterstück die Alten verantwortlich?
2. Erstellt eine Liste, wo in dem Theaterstück ein Konflikt zwischen Alten und Jungen besteht und erläutert, wie dieser sich im Drama äußert.
3. Erörtert, ob es in der Realität auch einen Konflikt zwischen der alten und der jungen Generation gibt. Inwieweit unterscheiden sich die Interessen und Einflussfaktoren der beiden Gruppen?
4. Diskussion: Interessiert sich die Jugend mehr für Folgen des Klimawandels als die Alten? Findet Argumente für beide Seiten.
5. Hat die Jugend ein Recht, den Alten die Folgen der Umweltzerstörung und des Klimawandels vorzuwerfen?

Das Gefangenendilemma

Das Gefangenendilemma ist ein Spiel, das die Problematik des Kampfes gegen Klimawandel und Umweltzerstörung aufzeigt.

1. Arbeitet mit einem Partner und spielt das folgende Spiel:

Die Ausgangssituation:

Zwei Gauner, A und B, haben ein Verbrechen begangen und werden verhaftet. Die Polizei hat keine konkreten Beweise, sondern nur Indizien und im Verhör wird jedem getrennt von dem anderen ein Vorschlag gemacht:

Wenn beide auf die Frage: Bist du schuldig? NEIN antworten, werden beide aufgrund der Indizien zu zwei Jahren Haft verurteilt.

Bekennt sich einer schuldig und sagt "JA", darf er als Kronzeuge gegen den anderen auftreten, wird freigesprochen und der NEIN sagende Kumpan wird zu fünf Jahren Haft verurteilt.

Bekennen sich aber beide schuldig und sagen ("JA"), so werden sie jeweils zu vier Jahren verurteilt.

Die beiden dürfen sich nicht besprechen!

Schreibt auf einen Zettel die Antwort auf die Frage: Bist du schuldig? (ja oder nein) und vergleicht die Antworten.

2. Erstellt eine Tabelle, in der ihr die Möglichkeiten aufschreibt.
Welches ist die beste Antwort für das Individuum und welches für die Gruppe? Warum ist dies ein Dilemma (Ein Dilemma, auch Zwickmühle, bezeichnet eine Situation, die zwei Möglichkeiten der Entscheidung bietet, die beide zu einem unerwünschten Resultat führen.)

3. Was hat das Gefangenendilemma mit dem Klimawandel zu tun?

4. Wo wird im Theaterstück auf dieses Dilemma angespielt?

Tech-Milliardäre

Dunkelfaust ist eine Figur, die an Tech-Milliardäre wie Elon Musk, Jeff Bezos oder Mark Zuckerberg erinnert.

1. **Recherchiert** die Biographien und Erfolge, aber auch Kritik von einem dieser Tech-Milliardäre und visualisiert sie auf einem Poster.
2. **Googelt** auch die Verteilung von Reichtum in Deutschland bzw. der Welt
3. **Vergleicht** diese mit der Figur von Dunkelfaust und erörtert, inwiefern dieser einem Tech-Milliardär entspricht.
4. In dem Theaterstück wird die Frage aufgeworfen, ob einzelne Menschen so viel Macht und Geld haben sollen. Verfasst einen **Kommentar** für eine Zeitung zu der Frage: „Tech-Milliardäre: Segen oder Gefahr für die Gesellschaft? Sollte ein einzelner Mensch Milliarden besitzen dürfen, während andere Menschen arm sind?"
5. **Schreibt** das Theaterstück **weiter** und erfindet eine Szene, in der Dunkelfaust sich in einem Streitgespräch mit Sigurd ist und darüber streiten, ob ein einzelner Mensch solch eine Macht haben sollte.

Gewinne privatisieren, Verluste sozialisieren

Zu Beginn des Theaterstücks sprechen der Bauer, der Fischer und der Schuppenschleifer darüber, dass Dunkelfaust einen Profit aus dem Drachen zieht, die Menschen aber die Verluste tragen müssen. In der Wirtschaftswissenschaft hat sich dafür die Redewendung „Gewinne privatisieren, Verluste sozialisieren" durchgesetzt. Es ist ein oft zitiertes Prinzip in der Wirtschafts- und Politikdiskussion. Er bezieht sich auf die Praxis vieler Unternehmen oder Branchen, insbesondere im Bereich der Finanzwirtschaft oder von großen Konzernen:

Gewinne privatisieren: Das bedeutet, dass die Gewinne von Unternehmen oder bestimmten Gruppen von Personen behalten und für private Zwecke verwendet werden können. Das heißt, wenn ein Unternehmen erfolgreich ist, profitieren die Eigentümer, Investoren und Manager von den erzielten Gewinnen.

Verluste sozialisieren: Im Gegensatz dazu bedeutet das Sozialisieren von Verlusten, dass die Kosten für Misserfolge oder Verluste von der Gesellschaft, der Öffentlichkeit oder Steuerzahlern getragen werden. Das heißt, wenn ein Unternehmen scheitert oder Verluste erleidet, werden die Kosten oft auf die breite Öffentlichkeit übertragen, sei es durch staatliche Rettungsmaßnahmen, Subventionen oder andere Formen der finanziellen Unterstützung.

1. Inwiefern trifft dieses Prinzip hier im Theaterstück zu?
2. Findet im realen Leben Beispiele für dieses Prinzip.
3. Recherchiert Beispiele. Wie könnte man das Problem lösen?

Populismus

Populismus ist eine politische Strategie oder Ideologie, die auf die Mobilisierung der Bevölkerung gegen eine angebliche korrupte Elite abzielt. Die folgenden Kennzeichen sind typisch für populistische Bewegungen:

1. **"Wir gegen sie"-Rhetorik**: Populisten stellen die Gesellschaft oft als einen Kampf zwischen dem "reinen Volk" und der "korrupten Elite" dar. Sie behaupten, für die einfachen Menschen zu sprechen und die Interessen der Mehrheit zu vertreten.

2. **Anti-Establishment-Haltung**: Populisten kritisieren etablierte politische, wirtschaftliche oder kulturelle Institutionen und behaupten, diese hätten die Bevölkerung betrogen oder vernachlässigt.

3. **Charismatische Führung**: Populistische Bewegungen sind häufig stark um eine zentrale Führungsfigur aufgebaut, die als Stimme des Volkes auftritt und einfache Lösungen für komplexe Probleme anbietet.

4. **Vereinfachte Problemlösungen**: Populisten bieten oft einfache, direkte Antworten auf komplexe politische oder gesellschaftliche Fragen, indem sie auf schnelle, oft radikale Veränderungen drängen.

5. **Emotionalisierung und Polarisierung**: Populisten nutzen stark emotional aufgeladene Themen, um das Publikum zu mobilisieren, und neigen dazu, gesellschaftliche Gruppen gegeneinander auszuspielen, um Unterstützung zu gewinnen.

6. **Direkter Appell an das Volk**: Populisten fordern oft direkte Formen der Demokratie, wie Volksentscheide, und betonen den Volkswillen als höchste Instanz.

7. **Nationalismus und Fremdenfeindlichkeit**: Populistische Rhetorik ist oft nationalistisch und stellt ausländische Einflüsse, Einwanderung oder internationale Organisationen als Bedrohung dar.

Populismus kann sowohl von links als auch von rechts kommen und tritt in unterschiedlichen politischen Kontexten auf.

1. Analysiert inwiefern Dunkelkfaust populistische Strategien in seinen Reden an das Volk anwendet.
2. Finden sich auch populistische Tendenzen bei Sigurd?
3. Recherchiert Beispiele für Populismus in der Geschichte und präsentiert diese in der Klasse.

Long Termism

Als Lösung des Problems schlägt Dunkelfaust vor, den Mars zu bevölkern. Solche Überlegungen gibt es wirklich von Tech-Milliardären wirklich.

1. Recherchiert den Begriff Long Termism und die Kritik daran.
2. Erörtert, inwieweit dies ein Konzept ist, das einen Vorteil für die Menschheit bietet.

Ozymandias

Im 5. Akt findet sich eine Anspielung an das Sonett Ozymandias von Percy Bysshe Shelley.

Analysiert das Gedicht und findet Gemeinsamkeiten und Unterschiede zu der Figur Dunkelfausts.

Ozymandias - Percy Bysshe Shelley 1792 –1822

I met a traveller from an antique land
Who said: "Two vast and trunkless legs of stone
Stand in the desert . . . Near them, on the sand,
Half sunk, a shattered visage lies, whose frown,

And wrinkled lip, and sneer of cold command,
Tell that its sculptor well those passions read
Which yet survive, stamped on these lifeless things,
The hand that mocked them, and the heart that fed:

And on the pedestal these words appear:
'My name is Ozymandias, king of kings:
Look on my works, ye Mighty, and despair!'

Nothing beside remains. Round the decay
Of that colossal wreck, boundless and bare
The lone and level sands stretch far away."

Ozymandias

Übersetzung von Adolf Strodtmann, 1866

Ein Wandrer kam aus einem alten Land,
Und sprach: „Ein riesig Trümmerbild von Stein
Steht in der Wüste, rumpflos Bein an Bein,
Das Haupt daneben, halb verdeckt vom Sand.

Der Züge Trotz belehrt uns: wohl verstand
Der Bildner, jenes eitlen Hohnes Schein
Zu lesen, der in todten Stoff hinein
Geprägt den Stempel seiner ehrnen Hand.

Und auf dem Sockel steht die Schrift: ‚Mein Name
Ist Osymandias, aller Kön'ge König: –
Seht meine Werke, Mächt'ge, und erbebt!'

Nichts weiter blieb. Ein Bild von düstrem Grame,
Dehnt um die Trümmer endlos, kahl, eintönig
Die Wüste sich, die den Koloß begräbt.

Die Bürger und das Kölsche Jrundjesetz

Der Fischer benutzt häufig Floskeln und das „Kölsche Grundgesetz", eine Sammlung von Redewendungen, die die Lebensphilosophie der Kölner wiedergibt.

Das Kölsche Grundgesetz
§ 1 - Et es wie et es
§ 2 - Et kütt wie et kütt
§ 3 - Et hätt noch immer jot jejange
§ 4 - Wat fott es es fott
§ 5 - Nix bliev wie et wor
§ 6 - Kenne mer nit, bruche mer nit, fott domet
§ 7 - Wat wellste maache
§ 8 - Mach et jot ävver nit ze off
§ 9 - Wat soll dä Quatsch?
§ 10 - Drinkste ene met?

1. In welchen seiner Äußerungen findet man Hinweise darauf?
2. Was zeigt das über den Charakter der Bürger?
3. Was sagt das über den Einsatz von Sprichworten oder Redewendungen generell?

4.

The Great Garbage Patch

Im Theaterstück finden Aria, Sigurd und der Seemann eine Insel aus Müll.

Dies ist angelehnt an den „Great Garbage Patch".

1. Recherchiert die Hintergründe dazu und das Ausmaß der Meeresverschmutzung durch Abfälle und Mikroplastik.
2. Überlegt, welche Maßnahmen man unternehmen könnte, um dieses Problem zu lösen.

Das Ende und die Deutung des Theaterstücks

1. Am Ende landen die drei Überlebenden auf einer Müllkippe im Meer.
   a. Ist das Ende eine Katastrophe oder ein Happy End? Begründet eure Meinung.
   b. Wie kann man sich die Zukunft der drei Überlebenden vorstellen? Stellt euch vor, wie das Leben der drei einige Wochen, Monate oder Jahre später aussehen könnte.
   c. Stellt euch vor, dass Aria und Sigurd versuchen, mittels Flaschenpost Kontakt mit der Welt aufzunehmen. Verfasst den Text für eine Flaschenpost.
2. Im Epilog wird das Publikum dazu aufgerufen, sich eine eigene Meinung zu bilden. Was könnte die Intention der

Autorin sein? Was könnte vor allem ein älterer Zuschauer aus dem Theaterstück mitnehmen?

3. Schreibe eine Rezension für Amazon von dem Theaterstück. Hier einige Hinweise:

    a. **Verständliche Struktur**: Beginne mit einer kurzen Inhaltsangabe, gefolgt von einer kritischen Auseinandersetzung und einem abschließenden Fazit.

    b. **Eigene Meinung einfließen lassen**: Beziehe klar Stellung und begründe deine Ansichten mit Beispielen aus dem Werk.

    c. **Leserorientierung**: Schreibe so, dass der Leser die Stärken und Schwächen des Werkes leicht nachvollziehen kann, und gib eine Empfehlung ab.

Dramentheorie

Prolog und Epilog

1. Welche Funktion hat der Prolog vor dem Beginn des Theaterstücks?
2. Warum werden dort die Schauspieler gezeigt, die sich auf das Stück vorbereiten?
3. Warum sprechen die Zuschauer zum Publikum?
4. Welche Wirkung soll beim Zuschauer dadurch erzielt werden?
5. Warum sprechen die Schauspieler am Ende noch einmal zum Publikum? Welche Funktion hat der Epilog für das Theaterstück?
6. Könnte man Prolog und Epilog auch weglassen? Bitte begründet eure Meinung.

Aufführung des Theaterstücks

1. Aufführung: Dieses Theaterstück ist als Lesedrama kategorisiert. Stellt euch vor, ihr solltet dieses Theaterstück trotzdem auf einer Bühne aufführen, welche Probleme würden dabei entstehen? Bitte findet einige Herausforderungen und überlegt euch, wie man diese lösen könnte auf einer Bühne.

2. Besetzung der Schauspieler: Sucht im Internet Portraits von Menschen, die sich eignen könnten als Schauspieler für die wichtigsten Rollen im Theaterstück. Erklärt kurz, warum ihr euch für diese entschieden habt.

3. Bühnenbild: Sucht euch eine beliebige Szene aus dem Theaterstück und skizziert dazu ein Bühnenbild. Überlegt auch, wie man den Ortswechsel zur folgenden Szene realisieren könnte.

4. Kostüme: Das Theaterstück spielt zu einer unbestimmten Zeit an einem unbestimmten Ort. Wie würdet ihr die Schauspieler einkleiden und welche Aussage würde mit der Wahl der Kostüme verbunden werden?

Dramaturgische Gestaltungsmittel

Dramaturgische Gestaltungsmittel sind Mittel, die vom Autor oder Regisseur eines dramatischen Textes eingesetzt werden, um einen Sachverhalt innerhalb eines Dramas zu verdeutlichen. Dazu gehören:
Regieanweisungen, Szenenüberschriften, Bühnenbild, Gestaltung der Bühne, **Requisiten, Leitmotive,** Rollenwechsel innerhalb von Figuren, aus der Rolle fallen, Zum Publikum sprechen, Erzähler /Conférenciers, **Redeanteile, Monologe,** Innere Monologe, **Beiseite sprechen, Aneinander vorbeireden,** Verhöre, Interviewgespräche, Songs / Lieder, Gedichte, Musik, Soundeffekte, Projektionen, Plakate, Schilder, Lichteffekte, Tanz, **Körpersprache, Mimik, Gestik**

1. Welche dramaturgischen Gestaltungsmittel werden in dem Theaterstück benutzt?
2. Welche Funktion wird damit jeweils verbunden?

Ein klassisches oder modernes Theaterstück?

1. Recherchiert die Unterschiede **zwischen klassischem und modernem Theater**.
2. Analysiert, inwieweit das vorliegende Theaterstück den jeweiligen Kriterien entspricht.
3. **Gustav Freytag Aufbau** von Dramen. Recherchiert den Aufbau von Dramen und beschreibt wichtige Handlungselemente.
4.. Erstellt eine Zeichnung, in der die folgenden Handlungselemente des Dramas thematisiert werden:

Pyramidaler Aufbau des klassischen Fünfakters nach Freytag

3. Akt: Peripetie (Umschlag)

2. Akt: Steigerung

4. Akt: retardierendes Moment

1. Akt: Exposition

5. Akt: Katastrophe

Akte:

1. Exposition
2. Steigerung (Schürzung des dramatischen Knotens)

3. Höhepunkt und Umschlag (Peripetie)
4. Verzögerung (Retardierendes Moment)
5. Katastrophe

Aufgaben:

a. **Tragische Helden:** Das Konzept der Tragödie beschreibt den Untergang eines eigentlich ehrhaften Menschen, der aufgrund einer persönlichen Schwäche unschuldig schuldig wird. Inwiefern trifft dies auf Aria und Sigurd zu.

b. Erstellt für eine Gerichtsverhandlung ein Plädoyer aus der Sicht der Staatsanwaltschaft bzw. der Verteidigung, in dem die Schuldfrage thematisiert wird in Bezug auf Aria und Sigurd, die Bürger und Dunkelfaust.

c. Warum bildet das klassische Theater die Moderne nicht angemessen ab und warum hat sich daraus das moderne Theater des 20. Jahrhunderts entwickelt? Lest den folgenden Text und erläutert, ob die dargestellten Aspekte auf das vorliegende Theaterstück zutreffen.

Klassisches vs. Modernes Theater

Warum bildet das klassische Theater die Moderne nicht angemessen ab und warum hat sich daraus das moderne Theater des 20. Jahrhunderts entwickelt?

- Das klassische Theater, insbesondere das Theater der Antike und der Renaissance, war stark von bestimmten ästhetischen und dramatischen Konventionen geprägt, die nicht immer den sich wandelnden Bedürfnissen und Perspektiven der modernen Gesellschaft entsprachen. Hier sind einige Gründe, warum das klassische Theater die Moderne nicht angemessen abbildete:

- **Gesellschaftliche Veränderungen**: Das klassische Theater reflektierte oft die sozialen und kulturellen Normen seiner Zeit, die sich jedoch im Laufe der Geschichte stark veränderten. Mit dem Aufkommen der Moderne im 19. und 20. Jahrhundert wurden neue gesellschaftliche Probleme und Fragen aufgeworfen, die das klassische Theater nicht immer adressierte.
- **Neue dramatische Formen und Techniken**: Die klassische Theaterform war oft stark strukturiert und formalisiert, mit klaren Regeln für Charaktere, Handlung und Dialog. Die modernen Theaterkünstler des 20. Jahrhunderts begannen jedoch, mit neuen dramatischen Formen, Techniken und Stilen zu experimentieren, um komplexere menschliche Erfahrungen und Emotionen darzustellen.
- **Veränderungen in der Wahrnehmung von Zeit und Raum**: Die Vorstellung von Zeit und Raum hat sich im Laufe der Geschichte verändert, und das klassische Theater war oft an eine lineare Zeit und einen begrenzten Bühnenraum gebunden. Im modernen Theater wurden jedoch neue Wege gefunden, um Zeit und Raum auf der Bühne zu dekonstruieren und zu manipulieren, um eine tiefere emotionale und intellektuelle Wirkung zu erzielen.
- **Reflexion von Existenzialismus und anderen philosophischen Strömungen**: Im 20. Jahrhundert gab es eine Vielzahl von philosophischen Strömungen wie Existenzialismus, Absurdismus und Postmodernismus, die das Verständnis von Existenz, Identität und Realität herausforderten. Das moderne Theater reagierte auf diese philosophischen Fragen, indem es neue Formen des Ausdrucks und der Darstellung entwickelte.

Das moderne Theater des 20. Jahrhunderts entwickelte sich als Reaktion auf diese Veränderungen und Herausforderungen.

Theaterkünstler suchten nach neuen Wegen, um die Vielschichtigkeit der menschlichen Erfahrung, die Komplexität der Gesellschaft und die Fragen der Existenz auf der Bühne darzustellen. Dadurch entstanden verschiedene experimentelle und avantgardistische Theaterformen, die das klassische Theater überwanden und die Grundlage für das zeitgenössische Theater legten.

Aristoteles Poetik und die Tragödie

Aristoteles' Poetik ist ein grundlegendes Werk der Literaturkritik, das viele Kriterien für die Tragödie definiert. Hier sind die Hauptpunkte ausführlicher erläutert:

1. **Mimesis (Nachahmung)**: Aristoteles betrachtet die Tragödie als eine Form der Nachahmung oder Repräsentation des Lebens und der Handlungen von Menschen. Diese Nachahmung sollte ernsthaft sein und eine gewisse Größe oder Bedeutung haben, um die Zuschauer anzusprechen und zum Nachdenken anzuregen.

2. **Hamartia (Fehler des Protagonisten): Die Hamartia, oft als tragischer Fehler übersetzt, bezieht sich auf einen Fehler oder ein Versagen des tragischen Helden oder der tragischen Heldin. Dieser Fehler kann ein moralischer Fehler, eine Charakterschwäche oder ein Irrtum sein, der zur Tragödie führt. Der Protagonist könnte beispielsweise stolz, übermäßig ehrgeizig oder zu leidenschaftlich sein.

3. **Peripetie (Umschwung)**: Die Peripetie ist ein entscheidender Wendepunkt in der Handlung, der den Verlauf der Tragödie ändert. Dieser Umschwung ist oft das Ergebnis der Handlung selbst und führt zu einer unerwarteten Entwicklung, die die

Situation des Protagonisten dramatisch verändert. Die Peripetie leitet häufig den unaufhaltsamen Abstieg des Protagonisten in sein Schicksal ein.

4. **Anagnorisis (Erkenntnis)**: Die Anagnorisis bezieht sich auf die Erkenntnis oder Einsicht des tragischen Helden oder der tragischen Heldin über seine oder ihre eigene Situation und Fehler. Durch diese Erkenntnis kommt es zu einer Wendung im Charakter und Handeln des Protagonisten, wodurch er oder sie die Konsequenzen seines oder ihres Handelns besser versteht.

5. **Katharsis (Reinigung oder Läuterung): Die Katharsis ist das zentrale Konzept in Aristoteles' Definition der Tragödie. Durch die Darstellung von Leid und Tragödie auf der Bühne sollen die Zuschauer eine emotionale Reinigung und Erleichterung erfahren. Die Katharsis ermöglicht den Zuschauern, ihre eigenen Ängste, Leidenschaften und Konflikte zu erkennen, zu verstehen und zu bewältigen.

Diese Kriterien sind grundlegend für das Verständnis der Tragödie nach Aristoteles und haben einen großen Einfluss auf die Entwicklung des dramatischen Theaters in der westlichen Kulturgeschichte gehabt. Sie haben auch dazu beigetragen, die Struktur und den Inhalt von Tragödien in der Antike und darüber hinaus zu prägen.

Abschluss und Bewertung

1. Erstellt eine Umfrage, in der die Schülerinnen und Schüler das Theaterstück bewerten sollen (von 1-10 Punkten) und eine Begründung in einem aussagekräftigen Satz formulieren.
2. Schreibt eine Rezension des Theaterstücks beispielsweise für Amazon.

Einige Hinweise zum Verfassen von Rezensionen:

- Verständliche Struktur: Beginne mit einer kurzen Inhaltsangabe, gefolgt von einer kritischen Auseinandersetzung und einem abschließenden Fazit.
- Eigene Meinung einfließen lassen: Beziehe klar Stellung und begründe deine Ansichten mit Beispielen aus dem Werk.
- Leserorientierung: Schreibe so, dass der Leser die Stärken und Schwächen des Werkes leicht nachvollziehen kann, und gib eine Empfehlung ab.

3. Schreibt den Epilog um, indem die Schauspieler für Sigurd und Aria zu dem Publikum reden und ihnen vermitteln, welche Forderungen sie an das Publikum haben. Versucht den Stil des Theaterstücks zu kopieren.

Aylin Yılmaz

Aylin Yılmaz wurde 1985 in Berlin als Tochter türkischer Einwanderer geboren und wuchs in einem kulturell vielfältigen Umfeld in Kreuzberg auf. Schon früh entdeckte sie ihre Leidenschaft für das Theater, inspiriert von den Geschichten, die ihr von ihrer Familie aus Izmir erzählt wurden, und den spannungsgeladenen sozialen Dynamiken ihrer Nachbarschaft. In der Schule entwickelte sie ein starkes Interesse für Literatur und Theater, wobei sie schnell merkte, dass das Drama die ideale Ausdrucksform für ihre Auseinandersetzung mit Identität und Zugehörigkeit war.

Nach dem Abitur studierte Aylin Theaterwissenschaften und Dramaturgie. Während ihres Studiums beschäftigte sie sich intensiv mit den Werken moderner Dramatiker*innen und entdeckte ihre eigene Stimme als Autorin von Theaterstücken, die sich mit den Themen Migration, kulturelle Wurzeln und dem Gefühl des "Dazwischen-Seins" auseinandersetzen. Sie ist bekannt für ihren kraftvollen, oft poetischen Schreibstil, der zugleich die Zerrissenheit und die Hoffnung ihrer Figuren in den Vordergrund stellt.